V&R

Martin H. Jung

# Philipp Melanchthon und seine Zeit

Vandenhoeck & Ruprecht

Bibliografische Information der Deutschen Nationalbibliothek
Die Deutsche Nationalbibliothek verzeichnet diese Publikation in der
Deutschen Nationalbibliografie; detaillierte bibliografische Daten sind
im Internet über http://dnb.d-nb.de abrufbar.

ISBN 978-3-525-55006-9

Umschlagabbildung: Porträt des Reformators Philipp Melanchthon © epd

Satz und Litho: Schwab Scantechnik, Göttingen
Druck und Bindung: Hubert & Co, Göttingen

# Inhalt

# „Wer oder was ist ein Melanchthon?"

„Wer oder was ist ein Melanchthon?", so wurden einmal Menschen in Melanchthons Geburtsstadt Bretten auf der Straße gefragt. Erstaunlich war, was die Interviewer da zu hören bekamen. Ein Schauspieler? Ein Nobelpreisträger! Ein Kaiser? Ein Papst! Oder eine chemische Verbindung, vielleicht ein Bestandteil des Atomkerns? Der Phantasie waren keine Grenzen gesetzt. Natürlich wussten auch einige Brettener, dass Melanchthon ein Theologe, ein Reformator war. Aber das war dann häufig auch schon alles.

Die Bekanntheit Melanchthons wird seiner Bedeutung nicht gerecht. Der Brettener war ein erstrangiger Reformator neben Luther. Die Reformation verdankt Luther die Impulse, Melanchthon aber die Gestaltwerdung. Ohne Melanchthons Wirken gäbe es keine evangelischen Kirchen, wie wir sie kennen.

Auch aus anderen Gründen ist es lohnend, sich mit Melanchthon näher zu beschäftigen. Er gehört zu den quellenmäßig am besten dokumentierten Menschen des 16. Jahrhunderts. Wir haben sein Bild aus verschiedenen Phasen seines Lebens. Fast alle seine Schriften sind uns erhalten. Seine Biografie ist weitgehend erschlossen. Auch sein Seelenleben liegt teilweise offen aufgrund der vielen hundert Privatbriefe, die er geschrieben hat und die sich erhalten haben. Melanchthon ist in dieser Hinsicht sogar besser dokumentiert als Luther und eignet sich deshalb auch als Studienobjekt für die Frömmigkeits- und Mentalitätsgeschichte.

Melanchthon wurde schon in den 90er-Jahren des 16. Jahrhunderts wegen seiner Verdienste um das Bildungswesen der Ehrentitel Praeceptor Germaniae, Lehrer Deutschlands, beigelegt. Heute wird er gerne als Lehrer Europas bezeichnet, denn die neuere, an den europäischen Dimensionen interessierte Forschung hat erkannt, dass Melanchthon nicht nur auf Deutschland, sondern auf viele Länder Europas gewirkt und ihre Kirchen- und Bildungsgeschichte nachhaltig geprägt hat. Sein Einfluss reichte nach Island, Dänemark, Norwegen, Schweden, England, Frankreich, Italien,

Spanien, Ungarn, Siebenbürgen, Böhmen, Pommern und Polen. Stolz hat Melanchthon davon berichtet, beim Mittagessen seien an seinem Tisch zu Hause einmal elf verschiedene Sprachen erklungen.

Melanchthon war ein Reformator von europäischem Format, und er war Ireniker und Ökumeniker. Auch das macht ihn zu einer gerade für das 21. Jahrhundert interessanten Gestalt. Verkörperte Melanchthon im 16. Jahrhundert schon die Kirche der Zukunft? Der katholische Theologe und Melanchthonpreisträger Siegfried Wiedenhofer bezeichnete 1997 Melanchthon als den „modernsten" unter den Reformatoren und als „die größte ökumenische Gestalt der Reformationszeit".

# Geboren im späten Mittelalter

Philipp Melanchthon wurde am 16. Februar 1497 in der kleinen Stadt Bretten geboren, die heute zu Baden, damals aber zur Pfalz gehörte und an der Grenze lag. Das Jahr 1497 zählt noch zum Mittelalter, einer Geschichtsepoche, die von ca. 500 bis ca. 1500 reichte und somit rund tausend Jahre umfasste. Als Melanchthon geboren wurde, ahnte noch niemand, welche Umbrüche bevorstehen würden. Die Welt schien noch in Ordnung zu sein, obwohl das Reformverlangen schon groß war.

Im Reich, dem Heiligen Römischen Reich Deutscher Nation, wie Deutschland damals hieß, herrschte Kaiser Maximilian I., ein Habsburger. Er regierte engagiert, aber nur bedingt erfolgreich. Vergeblich bemühte er sich darum, dem Reich eine neue Ordnung zu geben. In Rom lenkte Papst Alexander VI. die Geschicke der Kirche, eine weniger erfreuliche Gestalt. Er war Vater von mindestens sieben Kindern, und diese stammten auch noch von mehreren Frauen. Der kluge, gewandte und geschäftstüchtige Mann setzte seine Begabungen vornehmlich für machtpolitische Ziele ein und dafür, seinen Kindern zu Fürstentümern zu verhelfen, nicht aber für die Kirche.

Die Lebensbedingungen der Menschen waren bescheiden. Tausend Jahre nach dem Ende der Antike war der Lebensstandard, den Griechen und Römer gepflegt hatten, noch immer nicht wieder erreicht. Eine Stadt wie Bretten hatte keine gepflasterten Straßen und keine geordnete Wasser- und Abwasserversorgung. Die Menschen wohnten in engen Häusern, in denen es natürlich keine Fußbodenheizungen und keine Baderäume gab. Sie ernährten sich von Fladen, Gemüse, Hülsenfrüchten und Getreidebrei. Ab und zu wurde ein Huhn geschlachtet, das keine Eier mehr legte.

Gleichwohl war in den Städten durch Handel und Handwerk ein gewisser Wohlstand entstanden, der sich – bis in die Gegenwart – in spätmittelalterlichen Bürgerhäusern sowie in gotischen Kirchengebäuden spiegelt. Auch Brettens Stadtkirche hatte um 1420 ein gotisches Schiff bekommen. Im Ort lebten etwa 2000 Menschen. Größere Städte gab es in Deutschland nur wenige. Köln zählte 20.000 Einwohner, doch was war das gegen Städte mit Hunderttausenden von Bewohnern, wie sie die Antike gekannt hatte?

Die akademische Theologie verstieg sich im späten Mittelalter in allerhand Spitzfindigkeiten. Zum Beispiel wurde über die Frage diskutiert, was mit einer Maus geschieht, die während oder nach einer Messfeier ein Stückchen Abendmahlsbrot verspeist, das aus Versehen auf den Boden gefallen ist. Es musste etwas geschehen, denn das Brot war und blieb nach der Wandlung der Leib Christi. Was also folgt, wenn eine Maus ein Stück vom Leib Christi frisst?

Ebenso machte man sich über die Vorhaut Jesu Gedanken. Jesus war, so bezeugt es die Bibel, wie jeder jüdische Knabe wenige Tage nach der Geburt beschnitten worden. Die scholastischen Theologen des Mittelalters fragten sich: Was ist mit Jesu Vorhaut bei der Auferstehung geschehen? Wurde sie wieder mit dem Glied vereint oder blieb sie als Reliquie Christi auf der Erde? Mehrere Kirchen und Klöster behaupteten, im Besitz der „heiligen Vorhaut" zu sein.

Ebenso spitzfindig erscheint aus heutiger Sicht der Streit um die Universalien. Es ging dabei um das philosophische Problem, ob Allgemeinbegriffe Wirklichkeit abbilden oder nicht. Gibt es zum Beispiel einen Tisch immer nur konkret oder gibt es ihn in Form einer höheren Wirklichkeit auch abstrakt? Ein Teil der Philosophen sagte, der Tisch als solcher sei eine bloße Benennung, ein bloßer Name (lat.: nomen), ein purer Begriff, ohne eigene Realität. Sie wurden deswegen Nominalisten genannt. Die Vertreter der Gegenposition, die dem abstrakten Tisch, dem Tisch als solchem Wirklichkeit, Realität zugestanden, wurden als Realisten bezeichnet. Der Streit um dieses Problem und seine jeweiligen Konsequenzen beschäftigte Generationen, spaltete Fakultäten sowie Universitäten und sogar die Wohnheime der Studenten.

Lebendig war die Frömmigkeit der Menschen. Vielen diente das Leben der Mönche zum Vorbild. Gebet- und Andachtsbücher sind entstanden, mit denen sich Einzelne, die lesekundig waren, erbauen konnten. Von Melanchthons Vater ist bekannt, dass er nachts wie ein Mönch seinen Schlaf unterbrach, niederkniete und betete.

Gleichzeitig wurden die Mönche jedoch auch kritisiert, weil sie häufig scheinheilig und nicht den eigenen Prinzipien gemäß lebten. Kritik am Mönchtum und an der spätmittelalterlichen Theologie übten besonders Gelehrte, die einer neu entstandenen Bewegung angehörten, dem Humanismus.

Grenzregionen sind häufig Kriegsregionen. Im Jahre 1504 hat Melanchthon im Alter von sieben Jahren erlebt, wie seine Heimatstadt zwei Wochen lang von Herzog Ulrich von Württemberg belagert wurde. Das hat ihn geprägt. Die Angst vor dem Krieg war zeitlebens einer seiner Wesenszüge und hat sein Handeln, auch sein kirchliches, stark beeinflusst. Mit dem Kriegsgeschäft und seinen bitteren Konsequenzen kam Melanchthon ferner durch seinen Vater in Berührung.

Melanchthons Vater stammte aus Heidelberg und war kurfürstlicher Rüstmeister. Er schmiedete Rüstungen und goss Geschütze. Da er eine Frau aus Bretten geheiratet hatte, wohnte die Familie dort, obwohl der Vater in der Regel in Heidelberg war. Erzogen wurde Melanchthon von seinem Großvater. Dennoch hat Melanchthon das Andenken seines Vaters immer bewahrt. Der frühe Tod des Vaters war für ihn ein prägendes Erlebnis. Er starb 1508 nach längerem Siechtum, weil er im erwähnten Krieg mit Württemberg – wie die Familie glaubte – vergiftetes Wasser getrunken hatte. Vielleicht war der Tod im Alter von 49 Jahren aber auch die Folge einer schleichenden Vergiftung, die das ständige Hantieren mit giftigen Materialien ausgelöst hatte. So oder so: Der Vater wurde Opfer des Kriegsgeschäftes.

Von Melanchthon gibt es einen Bericht darüber, wie sich sein Vater auf den Tod vorbereitete. In einem Brief des Jahres 1554 schilderte er, zwei Tage vor seinem Tod habe ihn der Vater zu sich gerufen, ihn Gott anbefohlen und zur Gottesfurcht und zu einem sittlichen Leben ermahnt. Sein Vater habe große politische Veränderungen kommen sehen und deshalb für den Sohn gebetet, dass Gott ihn darin leite. Daran hat sich Melanchthon oft erinnert, als er später in den theologischen und politischen Auseinandersetzungen der Reformationszeit seinen Mann stehen musste. Melanchthon berichtet, er sei nach dieser Abschiedsbegegnung nach Speyer geschickt worden, um das Sterben seines Vaters nicht miterleben zu müssen, und er habe weinend seine Vaterstadt verlassen. Er war damals elf Jahre alt.

Kindheitserfahrungen machten Melanchthon zum Ireniker, aber auch die Begegnung mit dem Humanismus.

# Unter dem Einfluss des Humanismus

Der Humanismus war eine Gelehrtenbewegung im Zeitalter der Renaissance. Die Renaissance war eine im 14. Jahrhundert in Italien entstandene, alle Bereiche der Kultur erfassende Erneuerungsströmung, die sich die Antike zum Vorbild nahm. Sie begann im 14. Jahrhundert mit einem Italiener, der in Frankreich lebte und gelegentlich als der erste moderne Mensch bezeichnet wird: Francesco Petrarca. Berühmt wurde er durch seine neulateinischen Dichtungen – und als Bergsteiger: 1355 kletterte er auf den Mont Ventoux und beschrieb seine Erlebnisse in einem Brief. Die Entdeckung des Menschen ging in der Renaissance einher mit der Entdeckung der Natur und der Geschichte. Auf dem Boden der Renaissance entwickelte sich eine Gelehrtenbewegung, die seit zweihundert Jahren als Humanismus bezeichnet wird, weil sie sich die Förderung des Humanen, des Menschlichen zum Ziele gesetzt hatte.

Der junge Melanchthon geriet unter den Einfluss dieser Bewegung, und zwar schon in seinem Elternhaus. Als Hauslehrer wirkte dort Johannes Unger. Bei ihm lernte er Lesen und Schreiben und die Anfangsgründe der lateinischen Sprache. Unterricht durch Hauslehrer war im späten Mittelalter etwas Normales, weil es kaum Schulen gab. Erst die Reformation führte zu einem Aufschwung des Bildungswesens, woran Melanchthon später wesentlichen Anteil haben sollte. Wer im beginnenden 16. Jahrhundert eine gute Schule besuchen wollte, musste sein Elternhaus verlassen. Das aber wollten seine Eltern dem jungen Melanchthon nicht zumuten, noch nicht.

Erst im Jahre 1508, im Alter von elf Jahren, musste Melanchthon der Bildung wegen in die Ferne, in das zwanzig Kilometer entfernte Pforzheim. Dort gab es eine angesehene Lateinschule, an der Melanchthon seine Ausbildung nach dem Willen seiner Eltern fortsetzten sollte. Nun lebte er fern seiner Heimat, aber immer noch in behüteten Verhältnissen, denn er wohnte bei Elisabeth

Reuchlin, einer entfernten Verwandten, der Schwester von Johannes Reuchlin.

Johannes Reuchlin war ein bedeutender humanistischer Gelehrter, und Pforzheim war seine Heimatstadt. Er wirkte als Jurist, Hebraist und als Dichter. Im Jahre 1506 veröffentlichte er erstmals in Deutschland ein Lehrbuch des Hebräischen. In Pforzheim kam der Gelehrte in Kontakt mit seinem Großneffen Melanchthon.

Melanchthon hat Reuchlin viel zu verdanken, übrigens auch seinen Namen, denn Philipp Melanchthon hieß ursprünglich Philipp Schwartzerdt. Humanisten liebten jedoch keine deutschen Namen und legten sich griechische oder lateinische Gelehrtennamen zu. Reuchlin gab Philipp Schwartzerdt den neuen Nachnamen Melanchthon, indem er Schwartzerdt (schwarze Erde) ins Griechische übersetzte. Das war im März des Jahres 1509. Melanchthon hat allerdings später seinen schwer zu sprechenden neuen Namen vereinfacht und sich nur noch Melanthon genannt.

Im Oktober 1509 verließ Melanchthon Pforzheim wieder und ging zum Studium nach Heidelberg. Auch hier wurde er humanistisch geprägt. Er wohnte bei dem Theologieprofessor Pallas Spangel und hatte Kontakt zu dem angesehenen Pädagogen Jakob Wimpfeling, der eine Besserung der menschlichen Verhältnisse durch eine Erneuerung des Erziehungswesens anstrebte und erstmals eine deutsche Nationalgeschichte verfasste.

Im September 1512 wechselte Melanchthon nach Tübingen, angeblich – so spätere Biografen – weil ihm in Heidelberg wegen seiner Jugend die Zulassung zum Magisterexamen verwehrt wurde. Doch diese Begründung könnte eine Legende sein. Wahrscheinlich gab der Tod Spangels im Juli 1512 den eigentlichen Anstoß zum Ortswechsel. In Tübingen legte Melanchthon Anfang 1514, im Alter von noch nicht einmal siebzehn Jahren, das Examen ab und war dabei unter allen Kandidaten der Beste (primus omnium). Nach der Beendigung des Grundstudiums besuchte er die theologische Fakultät, doch sein eigentliches Interesse galt den literarischen Gütern der Antike. Unter anderem beschäftigte er sich mit Hesiod. Um Geld zu verdienen, arbeitete er nebenher in der Druckerei von Thomas Anshelm, ebenfalls ein berühmter Humanist, und führte Korrekturarbeiten an der Weltchronik von Johannes Vergenhans, mit Humanistennamen Nauclerus, durch. Dabei wurde sein Interesse an der Weltgeschichte geweckt.

1516 erschien Melanchthons erstes Buch, eine Edition der Ko-
mödien des römischen Dichters Terenz. Außerdem beschäftigte
er sich mit Plutarch und plante eine griechische Aristotelesaus-
gabe, die aber nie zustande kam. Fertig gestellt hat er jedoch ein
Griechischlehrbuch, das 1518 erschien, hundert Jahre lang im
Gebrauch blieb und über vierzig Auflagen erlebte. Das Geheim-
nis des Erfolgs war die geschickte methodische Anlage des Werks,
dem es nicht einfach um das Erlernen einer Sprache, sondern um
die Heranführung an die klassische Literatur und mit ihr um sittlichen Nutzen und umfassende Persönlichkeitsbildung ging.

Im Jahre 1516 trat Melanchthon in Verbindung mit dem bedeutendsten humanistischen Gelehrten der Zeit, mit Erasmus, nach
seinem Herkunftsort Erasmus von Rotterdam genannt. Der illegi-
time Sohn eines Priesters hielt sich lange Zeit in England auf, besuchte aber auch Italien. Viele Jahre lebte er in Basel und zuletzt in
Freiburg im Breisgau. Erasmus bekleidete nie eine Professur, war
aber einer der gebildetsten Männer seiner Zeit und beflügelte die
Wissenschaft mit vielen Innovationen. Von epochaler Bedeutung
war seine griechisch-lateinische Ausgabe des Neuen Testaments,
durch die er die damals in der Kirche gebräuchliche Bibelausgabe,
Vulgata – die Allgemeine – genannt, in Frage stellte. In vielen
Bereichen hat Erasmus Dinge vorweggenommen, die Luther re-
zipiert, popularisiert und durchgesetzt hat. Schon Zeitgenossen
bemerkten nicht ohne Sarkasmus: „Erasmus hat das Ei gelegt, das
Luther ausgebrütet hat." Auch Melanchthon sah in Erasmus einen
Wegbereiter der Reformation. So äußerte er sich schon 1546, unmittelbar nach Luthers Tod, und noch einmal 1557 in einer akade-
mischen Rede nach dem zwanzigsten Todestag des Erasmus. Aber
Erasmus blieb der alten Kirche treu. Er wollte keine Revolution.
Er strebte wie die meisten Humanisten nach Eintracht, Ausgleich
und Frieden. Den irenischen Wesenszug hatte Melanchthon mit
Erasmus zeitlebens gemeinsam, in der Einschätzung Luthers gingen sie jedoch verschiedene Wege.

Melanchthon ist Erasmus, dem „Papst der Humanisten", nie
persönlich begegnet. Er blieb mit ihm jedoch im Briefwechsel bis
zu dessen Tod im Jahre 1536. Das Verhältnis der beiden Gelehrten
trübte sich allerdings zwischendurch. Schuld daran war Luther,
der 1524/25 mit Erasmus in einen heftigen, öffentlich ausgetrage-
nen Streit geriet.

# Begegnung mit Martin Luther

Im Herbst 1517, als Melanchthon in Tübingen an seinem Griechischlehrbuch arbeitete, trat der Wittenberger Augustinermönch
und Theologieprofessor Martin Luther mit 95 Thesen zu Ablass
und Buße an die Öffentlichkeit. Anlass war eine Ablasskampagne
des Mainzer Erzbischofs Albrecht von Brandenburg, der auch
die Bistümer Magdeburg und Halberstadt regierte. Ablass meint
soviel wie Nachlass oder Erlass: Erlassen werden Strafen, die
Menschen wegen begangener Sünden im Jenseits, im Fegfeuer ab-
zubüßen hätten, bevor ihnen der Himmel aufgeschlossen würde.
Luther beobachtete die Ablasskampagne, die der Finanzierung
des Neubaus des römischen Petersdoms und zugleich der Tilgung
von Albrechts privaten Schulden diente, mit zunehmender Sorge,
zweifelte an den theologischen Grundlagen dieses Unternehmens
und kritisierte Auswüchse des schwunghaften Handels mit religiösen Gütern. Angeblich hat Luther seine Thesen am 31. Oktober
1517 an der Wittenberger Schlosskirchentür angeschlagen, die der
Universität als Schwarzes Brett diente. Das berichtete Melanchthon 1546, nach Luthers Tod, in einer Vorrede zu einem neuen
Band von Lutherschriften. Sicher ist nur, dass Luther den Text
durch Briefe verbreitet hat.

Die Wittenberger Thesen wurden ohne Luthers Zutun an verschiedenen Orten Deutschlands gedruckt und fanden unter den
Humanisten große Resonanz. Ob sie auch Melanchthon in Tübingen erreichten, ist nicht bekannt. Allerdings waren dort 1517/18 Lutherschriften vorhanden, und ein uns unbekannter Mann begann
– sicher im Sinne Luthers – Vorlesungen über Paulus zu halten.
Doch es sollte kein Jahr mehr vergehen, bis Melanchthon in Wittenberg an der Seite Luthers stehen würde. Dies hing allerdings
nicht mit den Thesen zusammen, sondern mit der Wittenberger
Universitätsreform.

In Wittenberg war im Jahre 1502 eine Universität gegründet
worden, weil nach der 1485 vollzogenen Teilung Sachsens zwi-

schen dem Geschlecht der Ernestiner, die das Kurfürstentum regierten, und den Albertinern, die im Herzogtum herrschten, auch
die Ernestiner eine Universität wünschten. Die traditionsreiche
Universität Leipzig lag nämlich im albertinischen Landesteil. Als
neuer Universitätsort wurde die kleine, bislang unbedeutende
Residenzstadt Wittenberg gewählt, und die neue Bildungseinrich-
tung war von Anfang an als Reformuniversität projektiert. An ihr
sollten – so wollte es der Landesherr Friedrich der Weise, Kurfürst
von Sachsen – Bildungsgrundsätze der Humanisten umgesetzt
werden. Dazu gehörte, dass die Studenten nicht nur wie zuvor
schon immer die lateinische, sondern auch die griechische und die
hebräische Sprache zu lernen hatten. Sie sollten befähigt werden,
alle Texte der Antike, philosophische ebenso wie biblische, in der
Originalsprache zu lesen und auf dieser Grundlage zu interpre-
tieren. Für Wittenberg wurde nun ein Griechischlehrer gesucht.
Der Kurfürst trat an Reuchlin heran, doch dieser winkte ab und
verwies auf seinen Schüler und Großneffen Melanchthon. Luther
hatte einen anderen Kandidaten im Blick, doch der Kurfürst setzte
sich durch und Melanchthon wurde berufen. Mit zwanzig Jahren
wurde er Professor an einer humanistischen Reformuniversität,
die zur Spitzenuniversität der Reformation werden sollte.

Im August 1518 reiste Melanchthon von Tübingen über Bretten
und Leipzig nach Wittenberg und betrat am 25. August die Stadt
an der Elbe. Dort reagierte man erstaunt auf den neu Berufenen
und traute ihm auf den ersten Blick nicht viel zu. Melanchthon war
nur 1,50 Meter groß und schmächtig, er hatte eine dünne Stimme
und einen leichten Sprachfehler. Auf der Straße riefen ihm die
Kinder Spottverse nach. Doch bereits drei Tage später hielten die
Spötter inne: Der Griechischlehrer trat zur Antrittsvorlesung an
und dozierte, natürlich in lateinischer Sprache „Über die Verbes-
serung der Studien der Jugend". Er entfaltete ein humanistisches
Bildungsprogramm, von dem alle, auch Luther, sofort begeistert
waren. Melanchthon wollte nicht nur die alten Sprachen, sondern
auch Geschichte und Mathematik in das Studium integrieren.
Kritisch äußerte er sich über die wissenschaftlichen Bemühungen
des Mittelalters. Den angehenden Theologen schärfte er ein, dass
gerade diese Wissenschaft „ein Höchstmaß an Denkfähigkeit,
intensiver Beschäftigung und Sorgfalt" verlange. Auf der Basis
einer soliden wissenschaftlichen Grundausbildung sei es, geführt

vom göttlichen Geist, möglich einen „Zugang zum Heiligen" zu finden.

Als Gräzist war Melanchthon unübertroffen, auf dem Gebiet der Theologie stand er aber selbst erst am Anfang. Luther besuchte Melanchthons Griechischunterricht, und Melanchthon studierte bei Luther Theologie. „Ich habe von ihm das Evangelium gelernt", hat Melanchthon später (1539) dankbar bekannt. Luthers zentraler Gedanke war, dass allein der Glaube – nicht aber Werke sittlicher oder religiöser Art – einen Menschen in den Augen Gottes angenehm macht – in biblischer Sprache: rechtfertigt. Die neue Rechtfertigungslehre gehörte zum Grundbestand evangelischer Überzeugungen.

Doch das Verhältnis zwischen den beiden Männern sollte nicht immer so entspannt bleiben. In vielen, auch theologischen Fragen gab es später Streit. Luther war, wie alle großen Männer, nicht von einfacher Natur. Er ließ aus Prinzip nur seine eigene Meinung gelten. Melanchthon hat darunter nachhaltig gelitten. Als Luther gestorben war, sprach er von einer „fast entehrenden Knechtschaft". Um der Sache willen hat Melanchthon aber durchgehalten. Die Sache war die Reformation, an der Melanchthon von 1518 an aktiv beteiligt war. An der Seite des dreizehn Jahre älteren Luther wurde er zu einer Führungsgestalt der Reformation und prägte die evangelischen Kirchen nachhaltig, nicht zuletzt weil er vierzehn Jahre länger als Luther lebte. Melanchthon starb erst im Jahre 1560 und hat somit anders als Luther, Zwingli und Calvin die ganze Reformationsgeschichte miterlebt und mitgestaltet.

# Gehversuche an der Seite der Reformation

Bereits im Jahre 1519 trat Melanchthon an der Seite Luthers öffentlich auf, und zwar bei der Leipziger Disputation im Juni und Juli. Johannes Eck, ein berühmter, humanistisch gebildeter Theologieprofessor aus Ingolstadt, verteidigte dort den Standpunkt der alten Kirche und verführte Luther zu steilen Behauptungen. Der Reformator erklärte, Päpste und kirchliche Konzilien könnten irren und hätten oftmals geirrt. Seinen Gegnern war damit klar, dass Luther als ein Ketzer anzusehen sei, denn er vertrat Ansichten wie hundert Jahre zuvor der Prager Theologe Johannes Hus, der 1415 auf dem Konstanzer Konzil verurteilt und verbrannt worden war.

Luther war aus Wittenberg mit großer Gefolgschaft nach Leipzig gereist, darunter auch Melanchthon. Den Gegnern fiel dieser auf, weil er Luther während der Disputation Argumente zuflüsterte. Vermutlich versorgte er ihn mit geschichtlichen Hintergrundinformationen zu seiner Kritik an Papsttum und Konzilien, denn in der Geschichte kannte sich Melanchthon besser aus als der Doktor der Theologie.

Nach der Leipziger Disputation veröffentlichte Melanchthon seine ersten reformatorischen Schriften, zunächst eine Darstellung über den Verlauf der Disputation in Form eines Briefes an einen alten Tübinger Freund, den späteren Baseler Reformator Johannes Oekolampad, der damals in Augsburg wirkte. Darauf reagierte Eck mit einer scharfen, gegen Melanchthon gerichteten Flugschrift, und Melanchthon antwortete mit der „Verteidigung gegen Johannes Eck". Damit hatte sich Melanchthon erstmals in Form von Publikationen in die Auseinandersetzungen um Luther eingemischt, er war zum „Lutheraner" geworden, wie die Anhänger des Reformators schon in dieser Zeit abschätzig bezeichnet wurden. Auch vom „neuen Glauben" wurde diffamierend gesprochen. Luther und Melanchthon wollten jedoch nichts Neues schaffen, sondern zurück zu den Anfängen des Christentums, zurück zum Evangelium. „Reformatorisch" und „evangelisch" sind deswegen äquivalente Bezeichnungen. „Katholisch" dagegen – im Sinne von allgemein gültig, universal – wollten damals noch beide Seiten ein; erst im 19. Jahrhundert wurde katholisch zur Konfessionsbezeichnung. Heute nennt man die Katholiken des 16. Jahrhunderts gerne „altgläubig", was in keiner Weise abwertend zu verstehen ist, sondern ihrem damaligen Selbstverständnis entspricht.

Melanchthon war also von 1519 an als Parteigänger Luthers, als Anhänger der Reformation bekannt. Mit der Reformation verband er sich auch durch sein Wappensiegel, das er seit diesem Jahr benutzte. Es zeigte die erhöhte Schlange aus Lev 21, für Melanchthon mit Joh 3,14f ein Hinweis auf Jesus und seinen Kreuzestod. Die Ausrichtung auf Jesus Christus und die Hervorhebung seines Todes am Kreuz war ein Charakteristikum des neuen Glaubens, der nachdrücklich die Frage nach der Gewissheit des Heils stellte und damit definitiv beantwortete.

Schon 1519 hätte Luther kirchlicherseits formell zum Ketzer erklärt werden können. Doch Rom zögerte, weil die Wahl eines neuen Kaisers anstand und der Papst dabei mitmischen wollte. Aus diesem Grund war es nicht opportun, gegen einen Theologieprofessor vorzugehen, der im Dienste eines mächtigen Landesherrn stand. Aus der Sicht des Papstes war Friedrich der Weise ein potentieller Kandidat für das Amt des Kaisers. Der Prozess gegen Luther wurde also verschleppt. Die Reformation gewann dadurch Zeit.

Erst Anfang 1520, nachdem der spanische König Karl V. die Nachfolge Maximilians I. als Kaiser angetreten hatte, wurde der römische Prozess gegen Luther fortgesetzt und mündete am 15. Juni 1520 in die Androhung des „Banns", niedergelegt in einer „Bulle", wie man offizielle päpstliche Schriftstücke nannte, mit dem bezeichnenden lateinischen Titel „Exsurge Domine" (Erhebe dich, Herr). Luther, der als „törichter Mensch" bezeichnet wird und bildhaft als Fuchs, Wildschwein und wildes Tier, das den Weinberg Gottes verwüstet, wurde der Ausschluss aus der Kirche, die Exkommunikation angedroht, sollte er nicht binnen sechzig Tagen widerrufen. Die Drohung galt auch verschiedenen in der Bulle genannten Anhängern Luthers, nicht aber Melanchthon.

Die Frist, die mit der förmlichen Bekanntmachung der Bulle Ende September begann, ließ Luther verstreichen, und Ende November 1520 war er damit faktisch zum Ketzer erklärt. In Wittenberg blieb man jedoch selbstsicher. Am 10. Dezember 1520 organisierte Melanchthon mit anderen Dozenten und Studenten eine öffentliche Bücherverbrennung vor dem Elstertor. Luther warf eigenhändig ein Druckexemplar der Bannandrohungsbulle ins Feuer.

Nach dem Recht des Mittelalters musste ein vom Papst Gebannter vom Kaiser geächtet und damit der weltlichen Gerichtsbarkeit überantwortet werden. Dies drohte auch Luther. Doch wieder kam es zu einem für viele unerwarteten Aufschub, denn Luthers Landesherr bestand darauf, dass Luther vor einer Ächtung vom Kaiser persönlich gehört würde. So ergab sich die Einladung Luthers zum Reichstag von Worms im April 1521.

Auf einem Reichstag versammelten sich Vertreter derjenigen Territorien und Städte, die mit dem gewählten Kaiser gemeinsam das Reich regierten. Er fand nur unregelmäßig statt und tagte an wechselnden Orten. Luther reiste am 2. April nach Worms und wurde am 17. und 18. April am Rande des Reichstages in Gegenwart des Kaisers von dessen Sprecher, einem Trierer Kirchenjuristen, verhört und zum Widerruf aufgefordert. Demonstrativ lagen die Schriften auf einer Bank, die der Wittenberger Mönch seit 1517 verfasst hatte. Luther zeigte sich in Mönchskutte und mit frischer Tonsur und erklärte, zum Widerruf sei er nur bereit, wenn ihm jemand auf der Grundlage der Bibel Irrtümer nachweise. Ansonsten sei sein Gewissen gebunden. Seine kurze Rede schloss er mit den Worten: „Gott helfe mir, Amen" – das „Hier stehe ich, ich kann nicht anders" ist spätere Legende. Seine Gegner riefen: „Ins Feuer mit ihm!" Doch Luther konnte Worms unbeschadet verlassen, da ihm zuvor sicheres Geleit hin und zurück garantiert worden war. Erst am 26. Mai verhängte Karl V. mit dem Wormser Edikt die Reichsacht über Luther und seine Anhänger, erklärte ihn für vogelfrei und ordnete seine Gefangennahme und Bestrafung an. Für die Parteigänger der Reformation war Luther zum Helden geworden. In Flugschriften wurde von seinem Auftreten berichtet, und in beigefügten Bildern wurde es auch den nicht Lesekundigen vor Augen gestellt, wie Luther, der Mönch, alleine, mit der Bibel in der Hand, sich auf sein Gewissen berufend den Mächtigen in Kirche und Reich gegenübertrat.

Luther drohte Gefahr, doch sein Landesherr, der in Worms persönlich zugegen war, als er vor dem Kaiser stand, sann auf Abhilfe.

Luther wusste nicht, was geschehen würde, und war überrascht, als er am 4. Mai im Thüringer Wald, auf halber Strecke zwischen Worms und Wittenberg, von bewaffneten Reitern „überfallen" und auf eine Burg verschleppt wurde. Friedrich der Weise ließ Luther auf der Wartburg bei Eisenach in Sicherheit bringen und verstecken. In der Öffentlichkeit machte das Gerücht die Runde, Luther sei tot. Dieser arrangierte sich mit den Umständen, ließ sich Haare und Bart wachsen, sodass er aussah wie ein Adliger, und lebte als „Junker Jörg" inkognito in den Wirtschaftsgebäuden der Wartburg in einer Kammer, die noch heute besichtigt werden kann. Er nahm sich – gedrängt von Melanchthon – eine große Aufgabe vor: die Übersetzung des Neuen Testaments aus der griechischen Sprache ins Deutsche. Bibeln in deutscher Sprache gab es zwar schon, aber sie beruhten auf dem seit der Bibelausgabe des Erasmus überholten lateinischen Text. Luther wollte eine bessere, getreuere Übersetzung, und er suchte gleichzeitig eine Sprachform, die möglichst vielen Menschen Deutschlands, wo es damals noch keine einheitliche Hochsprache gab, verständlich war. An Luthers Übersetzungstätigkeit war Melanchthon aktiv beteiligt. Luther holte sich bei ihm Rat, weil er nicht so gut Griechisch konnte wie dieser. Auch später, als Luther das Alte Testament aus dem Hebräischen übersetzte, wirkte Melanchthon mit, weil er auch in dieser Sprache besser war als Luther. Die „Luther-Bibel" ist eigentlich, was wenig bekannt und wenig gewürdigt wird, eine Luther-Melanchthon-Bibel.

Während Luther abgeschieden im Thüringer Wald lebte und mit engen Vertrauten nur sporadischen Briefkontakt hatte, machte die Reformation in Wittenberg Fortschritte. Kollegen Luthers, allen voran Andreas Bodenstein, nach seinem Herkunftsort Karlstadt genannt, suchten aus den theologischen Erkenntnissen Luthers praktische Konsequenzen abzuleiten. Dazu gehörten die Reform des Gottesdienstes, die Entfernung der Heiligenbilder aus den Kirchen und die Neuordnung der Armenfürsorge in der Gemeinde. Auch Melanchthon beteiligte sich an den Umgestaltungen. Er war der Erste, der es wagte, das Abendmahl in beiderlei Gestalt, mit Brot und Wein, zu feiern, am 29. September 1521, im kleinen Kreis, mit einigen Studenten. Öffentlich wurde das Abendmahl in Wittenberg erstmals an Weihnachten 1521 mit Brot und Wein begangen, und im Januar 1522 beschloss der Rat

der Stadt eine von Karlstadt verfasste reformatorische Kirchenordnung.

Die praktischen Veränderungen führten jedoch zu Unruhe in
der Bevölkerung, denn noch gab es Menschen, die den von den
Reformatoren eingeschlagenen Weg nicht mitgehen wollten. Außerdem widersprach der Kurfürst den Neuerungen. Auch Luther
selbst schienen die Maßnahmen seiner Kollegen zu weit zu gehen.
Anfang März 1522 verließ er deshalb – gerufen von Melanchthon
– die Wartburg, eilte nach Wittenberg und hielt eine Reihe von
Predigten, die nach dem Sonntag Invokavit, an dem sie begannen
(9. März 1522), Invokavitpredigten genannt werden. Luther
warnte vor schnellen praktischen Umgestaltungen und forderte
Rücksichtnahme auf die „Schwachen", die Anhänger und Anhängerinnen der alten Kirche. Zunächst, so Luther, müssten die
Gewissen der Menschen befreit und ihre innere Einstellung verändert werden, bevor man neue Sitten und Regeln einführen könne.
Luthers Position setzte sich in Wittenberg durch. Karlstadt, der
mit Luthers Kurs nicht einverstanden war, suchte das Weite, und
Melanchthon fügte sich.

In einigen Bereichen war Melanchthon Luther voraus. Er hat
vor Luther Katechismen verfasst, erstmals ein evangelisches
Spruchbuch geschaffen sowie als Erster ein Lehrbuch für evangelische Theologie geschrieben.

# Die erste evangelische Dogmatik

Luther hat die Reformation angestoßen und ihr die theologische Grundlage verschafft. Allerdings stellte er nie die evangelische Lehre im Zusammenhang dar. Er hat Gelegenheits- und Streitschriften geschaffen, ferner Predigten und Bibelauslegungen, aber keine evangelische Dogmatik. Als erster Reformator überhaupt legte Melanchthon im Jahre 1521 ein Lehrbuch der evangelischen Theologie vor, „Hauptpunkte der Theologie" (Loci communes rerum theologicarum). Luther hatte schon 1519 die theologische Begabung Melanchthons erkannt und unter Anspielung auf dessen Kleinwüchsigkeit und seine Profession bemerkte: „Dieser kleine Grieche übertrifft mich sogar in der Theologie." Nun wünschte er dem Werk Melanchthons Unsterblichkeit sowie kanonisches Ansehen und räumte ihm den höchsten Rang gleich nach der Bibel ein.

Melanchthons Loci leiteten die Theologie auf neue Wege, nicht nur inhaltlich, sondern auch methodisch. Inhaltlich versuchte er, die Ideen Luthers zu Ende zu denken und ihnen eine geschlossene sprachliche Form zu geben. Die Loci bieten eine Anthropologie, eine Rechtfertigungslehre, eine Hermeneutik und eine Sakramentenlehre im reformatorischen Geist. Methodisch griff Melanchthon eine Idee des Humanismus auf, die dort in der Rhetorik ihren Sitz im Leben hatte. Die neue Methode kündigte sich schon im Titel des Buches an. „Loci" bieten anders als die im Mittelalter beliebten „Summen" kein geschlossenes, vollständiges System, sondern behandeln Hauptpunkte unter praktischer Abzweckung und wollen, wie Erasmus in seiner Predigtlehre, den Studenten anregen, selbst Material zu sammeln. Melanchthon sprach die Themen an, die aktuell und für die Praxis relevant waren, ließ aber viele andere, die üblicherweise in Lehrbüchern der Theologie verhandelt wurden, außen vor: die Gotteslehre, die Christologie, die Schöpfungslehre, die Eschatologie. Prägnant formulierte er in der Einleitung: „Die Geheimnisse der Gottheit sollten wir lieber anbeten als erforschen."

Man hat in dieser Aussage immer nur die Zurückweisung der scholastischen Spekulationen gesehen, doch das Zweite war dem Autor genauso wichtig: die geforderte Anbetung der Gottheit. Melanchthon war zeitlebens ein engagierter Beter und ein noch engagierterer Lehrer des Betens. So haben ihn bereits seine Zeitgenossen wahrgenommen: Ein noch heute in der Dessauer Johanniskirche zu betrachtendes Abendmahlsbild von Lukas Cranach d. J., das die Reformatoren als Jünger Jesu porträtiert, zeigt Melanchthon – als einzigen – in Gebetshaltung, mit andächtig gefalteten Händen.

Die spätere Ausgaben der Loci wurden immer erfahrungsbezogener, praxisorientierter und frömmigkeitsbetonter. Sie enthielten von Melanchthon selbst formulierte Gebete, um zum rechten Beten anzuleiten, und sie thematisierten den Umgang mit dem Leid. Nur äußerlich, hinsichtlich der behandelten Themen und ihrer Systematik, näherten sie sich wieder mittelalterlichen „Summen" an. Aber Melanchthon behandelte auch später Fragen der Gotteslehre nicht aus wissenschaftlicher Neugier und im Bestreben, die Geheimnisse der Gottheit zu ergründen, sondern weil ihn aktuelle Auseinandersetzungen um diese Dinge dazu drängten.

Das neue Verständnis der Rechtfertigung des Sünders „allein aus Gnade" (sola gratia) ist das Herz reformatorischer Theologie und das Zentralthema der Loci von 1521. Die nicht aufgrund von Werken, sondern „allein durch den Glauben" (sola fide) gerecht machende Gerechtigkeit Gottes hat Luther neu entdeckt oder vielmehr als Rettung aus einer Existenzkrise erlebt, und Melanchthon hat alles, was damit zusammenhängt, genau durchdacht und nach adäquaten sprachlichen Ausdrucksformen gesucht. Er war ein Meister im Systematisieren und Formulieren und hat so der reformatorischen Rechtfertigungslehre, die er als „die Summe des Evangeliums" begriffen hat, ihre dogmatische Form gegeben.

Melanchthon hat schon in den Loci von 1521 mit aller Entschiedenheit das „sola fide" vertreten: „Kein einziges unserer Werke, mögen sie noch so gut erscheinen oder sein, ist die Gerechtigkeit, sondern allein der Glaube an die Barmherzigkeit und Gnade Gottes in Jesus Christus ist die Gerechtigkeit." Der Inhalt der Rechtfertigung ist die Sündenvergebung, und „Glaube" besteht für Melanchthon aus „Zustimmung" (assensio) und „Vertrauen" (fiducia): „Glauben heißt, dem gesamten uns verkündigten Wort Gottes, also auch der Verheißung, die Versöhnung werde uns um des Mittlers Christus willen umsonst geschenkt, zustimmen, und er ist ein Vertrauen auf die Barmherzigkeit Gottes, die um des Mittlers Christus willen verheißen wird." Der gerechtfertigte und erneuerte Mensch kann wieder aus der Gnade fallen, doch die Tür zur barmherzigen Wiederannahme durch Gott steht ihm dann erneut offen.

Ihre endgültige Formulierung fand die Rechtfertigungslehre im Zusammenhang mit dem Augsburger Bekenntnis, und zwar in der definitiven Fassung der Apologie vom September 1531. Melanchthon versteht hier unter der Rechtfertigung ein Urteil Gottes, ein Wortgeschehen, eine Gerechtsprechung: Gott spricht den Sünder frei wie ein Richter einen Schuldigen. Verändert wird nur das Gottesverhältnis des Menschen, nicht aber sein Wesen. Wegen der durch die lateinische Terminologie gegebenen Bezugnahme auf das Forum, den Ort der Rechtssprechung in der Antike, bezeichnet man seit dem späten 19. Jahrhundert das melanchthonsche Verständnis der Rechtfertigung als „forensisch", und man spricht auch von einer „imputativen" Rechtfertigungslehre, da dem Gläubigen die fremde Gerechtigkeit Christi angerechnet (imputiert) wird.

Melanchthons Lehrweise brachte verschiedene Probleme mit sich: Zum einen war die juridische Perspektive und Terminologie nicht befriedigend, da sie dem versöhnenden, Frieden stiftenden Heilshandeln Gottes am Menschen einen einseitigen Akzent gab, der sich auch auf das Gottesbild auswirkte. Zum anderen war die Loslösung der Rechtfertigung von der Erneuerung nicht glücklich. Melanchthon trennte zwischen den beiden Aspekten des Geschehens (ohne an eine zeitliche Abfolge zu denken) sowohl aus Gründen der Heilsgewissheit als auch aus praktisch-didaktischen Intentionen. Der neue Gehorsam, der „mit Notwendigkeit" der Versöhnung folgen müsse, gehörte für Melanchthon aber unbedingt zur Rechtfertigung. Er begriff ihn als ein Werk des Heiligen Geistes, der dem Menschen „zugleich" (simul) mit der Freisprechung geschenkt werde: „Wenn die erschrockenen Gewissen durch den Glauben aufgerichtet werden, wird gleichzeitig der Heilige Geist gegeben, der im Herzen neue, dem göttlichen Gesetz entsprechende Regungen weckt."

Im Zusammenhang mit dem geforderten neuen Gehorsam wird für Melanchthon der so genannte „dritte Gebrauch des Gesetzes" (tertius usus legis) wichtig: Das göttliche Gesetz hat nicht nur die Funktion, im Bereich des Alltagslebens für Ordnung zu sorgen und im Bereich des geistlichen Lebens dem Menschen seine Sündhaftigkeit vor Augen zu stellen, sondern es will auch den durch den Glauben Gerechtfertigten zu einem gottgefälligen Leben anleiten. Ausgangs- und Angelpunkt aller guten Werke ist das Gebet, die Anrufung Gottes: „Wenn wir die Barmherzigkeit Gottes erkannt haben, rufen wir ihn an, lieben ihn und ordnen uns ihm unter." Gute Werke folgen also der Rechtfertigung, und der Gerechtfertigte kann mehr von ihnen tun als der natürliche Mensch. Gute Werke werden von Gott auch belohnt, und zwar gleichermaßen im irdischen und im jenseitigen Leben. Allerdings erreicht kein Gerechtfertigter die Vollkommenheit, sondern er bleibt partiell der Sünde verhaftet.

Melanchthons imputativ-forensische Rechtfertigungslehre war für das Luthertum bestimmend. Luther hat die von Melanchthon gefundenen Formulierungen übernommen. Die in der Apologie zur Confessio Augustana im Herbst 1531 festgehaltene Fassung hatte jahrzehntelang offizielle Geltung. 1584 wurde sie im Konkordienbuch, einer 1580 geschaffenen Zusammenstellung lutherischer Bekenntnisschriften, allerdings durch die frühere, noch nicht ausgereifte Fassung vom April 1531 ersetzt.

Nicht in seiner ersten Dogmatik, aber in anderen, späteren Schriften thematisierte Melanchthon auch die Ehe. Er sah in ihr ein „göttliches Werk", das nicht nur zur Verhinderung von Unzucht diente, sondern im liebevollen Miteinander von Mann und Frau auch Kirche im Kleinen ermöglichte und außerdem in der körperlichen Vereinigung von Mann und Frau ein Vorzeichen und Abbild der in Jesus Christus wirklich gewordenen Vereinigung Gottes mit dem Menschen darstellte. Melanchthons eigene Eheerfahrung war zunächst jedoch eine ganz andere.

# Heirat wider Willen

Im Mittelalter genoss das ehelose Leben hohes Ansehen. Nicht nur Priester, Mönche und Nonnen verzichteten auf die Ehe, sondern auch Gelehrte. Reuchlin und andere Humanisten waren nicht verheiratet. Ohne Ehefrau und Kinder war man mobil und konnte sich voll und ganz auf die Wissenschaft konzentrieren. Und Sexualität war ohnehin als sündhaft verpönt.

Als Melanchthon in Wittenberg seine Arbeit aufnahm, lebte er zunächst, spätestens seit August 1519, mit einigen seiner Studenten zusammen, in einer Wohngemeinschaft, wie man heute sagen würde. Doch Luther und andere Kollegen beobachteten diese Lebensumstände mit zunehmender Skepsis, denn sie fürchteten, Melanchthon würde nicht genügend essen und in der Folge seine Gesundheit ruinieren. Man drängte ihn zu heiraten. Der junge Gelehrte ließ sich darauf Ende 1520 widerwillig ein, weil er der Jugend als Vorbild dienen wollte und zugestand, dass auch er die „Schwachheit des Fleisches" kenne. Er fürchtete aber, die Ehe würde seine Studien beeinträchtigen. Luther dagegen lebte 1520 noch als Mönch und schloss erst fünf Jahre später den Bund fürs Leben.

Melanchthon heiratete eine Frau aus der städtischen Oberschicht: Katharina Krapp. Sie war die Tochter eines Gewandschneiders, der auch das Amt des Bürgermeisters begleitet hatte, und zählte 23 Jahre. Dies wurde von Zeitgenossen unterschiedlich kommentiert. Manche meinten, die Frau sei schon etwas zu alt, also überfällig. Viele Mädchen, so auch später eine Tochter Melanchthons, heirateten schon zehn Jahre früher. Das durchschnittliche Heiratsalter der Frauen im späten Mittelalter ist nach heutigen Erkenntnissen mit 24–25 Jahren anzusetzen. Auffallend und außergewöhnlich bei Philipp und Katharina war aber, dass die Frau ebenso alt war wie ihr Ehegatte. Das war unüblich, und die Wittenberger haben das skeptisch beurteilt. Normalerweise heirateten alte Männer junge Frauen. Der Konstanzer Student Thomas Blarer schrieb in einem Brief: „Philipp hat geheiratet, eine Frau, die fast gleichaltrig ist, mit ganz geringer Mitgift, von mäßigem Aussehen […]" In Wittenberg kam außerdem das Gerücht auf, Katharina sei nicht mehr Jungfrau.

Die Ehe Melanchthons begann also unter unglücklichen Vorzeichen, und wen wundert es, dass dieser im November 1520 den bevorstehenden Hochzeitstag in einem Brief an einen Freund als „Tag der Trübsale" ankündigte. Seinen Brief hatte er allerdings klugerweise in griechischer Sprache verfasst, falls er in falsche Hände kommen würde. Katharina Krapp hat ihn sicher nie zu Gesicht bekommen.

Bald nach der Heirat gab es den ersten Streit. Markant war sein Anlass: Melanchthon hatte einen jungen Studenten, den ebenfalls frisch verheirateten Johann Agricola eingeladen, bei ihm einzuziehen. Melanchthon dachte, so seine Männerfreundschaften weiterpflegen zu können. Doch Katharina, unterstützt von ihrer Familie, widersetzte sich vehement, und die neu geplante Wohngemeinschaft kam nicht zustande. In großer Depression schrieb Melanchthon in einem Brief an den erwähnten Freund: „Ich habe aufgehört, mein eigener Herr zu sein." In weiteren Briefen des Jahres 1521 klagte er über das „Joch" der Ehe, beschwor das Ausmaß seiner Leiden, sah sie als von Gott geschickte „Knechtschaft" an und erklärte: Nie sei ihm Härteres zugestoßen. Aus späteren Zeiten gibt es dann aber positivere Zeugnisse Melanchthons über seine Frau, auch Äußerungen der tiefen Liebe und der herzlichen Sehnsucht.

Vielleicht war die anfängliche Unzufriedenheit mit seiner eigenen Ehe ein heimlicher Grund dafür, dass Melanchthon 1525 den Eheschluss Luthers missbilligte. Nach außen erklärte er, angesichts der Bauernkriegswirren würde die Heirat zur Unzeit vollzogen. Er rätselte, was Luther in Wirklichkeit zu diesem Schritt bewogen haben könnte, und berichtet, die ehemaligen Nonnen hätten Luther regelrecht umworben. Vielleicht habe der ständige Umgang mit ihnen Luther „weich gemacht" und „entflammt". Melanchthon weiß auch von dem in Wittenberg kursierenden Gerücht, Luther habe Katharina schon vor der Heirat entjungfert, hält es aber für erlogen.

Für Katharina Krapp war der Eheschluss zunächst ein sozialer Abstieg, denn 1520 war Melanchthon noch arm. Er verdiente jährlich nur sechzig Gulden. Ende 1524 klagte er, er habe seiner Frau in den vier Jahren seit der Hochzeit noch kein einziges neues Kleid kaufen können. Das Existenzminimum eines Erwachsenen lag damals bei zwanzig Gulden im Jahr. Von 1525 an stieg Melanchthon aber zum Spitzenverdiener auf mit zunächst 200, später 300 und schließlich 400 Gulden jährlich; außerdem bekleidete er eine Sonderprofessur und genoss das Privileg der Lehrfreiheit. Seine Reichtümer hat Melanchthon nicht verprasst, im Gegenteil: Er lebte, ganz anders als Luther, dauerhaft asketisch. Er war dabei aber gastfreundlich und freigebig.

Die Quellen bezeugen, dass Katharina nicht fähig war, den Haushalt zu führen. Vor allem im Vergleich mit Katharina von Bora, Luthers Frau, dem Muster evangelischer Pfarrfrauen, schnitt sie schlecht ab. Die beiden Reformatorenfrauen haben sich übrigens auch persönlich nicht gut verstanden. Doch in Melanchthons Haus wohnte bereits seit 1519 ein Freund und Diener, der sich um den Haushalt und die Kindererziehung kümmerte: Johannes Koch aus Ilsfeld bei Heilbronn, der eigentlich einmal zum Studium nach Wittenberg gekommen war. Bis zu seinem Tod im Jahre 1553 leitete er die Hauswirtschaft der Familie Melanchthon. Vier Kinder wurden dem Ehepaar geboren, von denen eines allerdings schon bald nach der Geburt starb. Nachfahren Melanchthons gibt es bis heute.

Melanchthons Frau nahm keinen Anteil an seiner wissenschaftlichen Arbeit und begleitete ihn auch nicht auf Dienstreisen. An seiner Seite erlebte sie aber Kriege, Seuchen und Exile. Die Ehe mit Katharina war sicher einer der Gründe dafür, dass Melanchthon in Wittenberg geblieben ist, auch in widrigen Zeiten. Seine Frau war zuletzt immer wieder und schwer krank. 1557 starb sie, als Melanchthon gerade auf Reisen war. Ihr Grab hat sich, anders als das Grab von Boras, nicht erhalten.

# Ein eigenes Haus

Melanchthons Frau hatte ein kleines Haus mit in die Ehe gebracht, in dem das Ehepaar zunächst wohnte. Doch im Jahre 1536, als Melanchthon ein berühmter Mann geworden war, kam es zum Abriss und Neubau. Kurfürst Johann Friedrich I., der seit 1532 regierte und dem man später den Beinamen „der Großmütige" gab, stattete seinen berühmten Wittenberger Professor mit einem ganz aus Stein gebauten großen, dreigeschossigen Renaissancehaus aus, das ein schöner und markanter mehrbogiger Giebel zierte, und ließ sich das 946 Gulden kosten. Luther war schon zuvor das Kloster, in dem er wohnte, als privates Wohnhaus geschenkt worden.

Von 1536 an lebte Melanchthon also mit seiner Familie standesgemäß in einem schönen, modernen Haus inmitten der Stadt, einen Steinwurf von der Universität und von der Wohnung Luthers entfernt, und konnte sich ein großzügiges Arbeitszimmer zur Straße hin, ausgestattet mit drei großen Fenstern mit Butzenscheiben, ebenso einrichten wie einen Kräutergarten, in dem er seinen botanischen Interessen nachgehen konnte. 1556 wurde das Gebäude noch an die vergleichsweise moderne Wittenberger Wasserversorgung angeschlossen und erhielt einen Rohrbrunnen.

Einzelne Studenten wohnten bei Melanchthon. Einige ließen zum Abschied im Studentenzimmer Wappen anbringen. Erhalten haben sich zwei Wappen der Kölner Studenten Friedrich Bachofen von Echt und Hermann Ring aus dem Jahr 1543.

Das Haus steht noch heute und kann in der Collegienstraße 60 besichtigt werden. Eine darin untergebrachte Ausstellung macht mit Leben und Werk Melanchthons bekannt. Der Garten erinnert an die vielfältigen wissenschaftlichen Interessen Melanchthons. Ein 1551 dort aufgestellter Steintisch mit einer Schieferplatte ist noch erhalten. Die Inschrift „P Melanchthon 1551" wurde aber vermutlich im 19. Jahrhundert angebracht. Auch die beiden Eiben, die den Garten zieren, stammen vermutlich nicht aus Melanchthons Zeit.

# Endlich: Reformation in Sachsen

Die Reformation schritt in Deutschland seit 1517 Jahr für Jahr und unaufhörlich voran, doch in ihrem Stammland, im Kurfürstentum Sachsen, stagnierte sie seit 1522 für mehrere Jahre. Hierfür gab es innere und äußere Gründe.

Luther wollte keine ungestümen Umbrüche, sondern zunächst das Denken der Menschen verändern und dabei bewusst auf die Anhänger des Alten Rücksicht nehmen. Seine Reformation war eine Wort- und Predigtreformation. Selbst bei der Veränderung des Gottesdienstes war er vorsichtig. 1523 schuf er zwar eine neue, reformatorischen Grundsätzen entsprechende Liturgie (Fomula missae et communionis), aber in lateinischer Sprache. Nur die Predigt sollte deutsch gehalten werden.

In Kursachsen musste allerdings auch auf den Landesherrn Rücksicht genommen werden, der zwar Luther schützte, sich aber nicht offen zum evangelischen Glauben bekannte. Erst auf dem Sterbebett, 1525, ließ sich Friedrich der Weise das Abendmahl mit Brot und Wein reichen und bekannte sich damit offen zum Neuen. Auf Friedrich folgte Johann. Er war ein erklärter und kämpferischer Anhänger der Reformation, weswegen ihm später der Beiname „der Beständige" beigelegt wurde. Nun machte die Reformation auch in Kursachsen Fortschritte.

Um in einem großen Territorium wie Kursachsen die Reformation einzuführen, bedurfte es einer Visitation, eines „Besuchs". Visitationen gab es auch im Mittelalter. Sie dienten der Kontrolle kirchlicher Zustände. Bischöfe besuchten die ihnen unterstehenden Pfarrer und ihre Gemeinden sowie die Klöster. In der Reformationszeit wurden staatliche Kommissionen aus Beamten und Theologen gebildet, die von Ort zu Ort reisten und bei ihren Besuchen die Zustände ermittelten: die sittlichen Verhältnisse, die theologische Einstellung und den Bildungsstand der Kleriker, die kirchlichen Besitztümer. Nach der Bestandserhebung wurden ungeeignete Geistliche entlassen, neue Pfarrer durch die Obrigkeit eingesetzt, Klöster geschlossen und kirchlicher Besitz eingezogen. Das den Kirchen weggenommene Vermögen wurde teilweise für die Pfarrer- und Lehrerbesoldung und für die Armenfürsorge verwendet, teilweise zur Aufbesserung der fürstlichen Finanzen in Haus und Hof. Die Durchführung der Reformation war für einen Landesherrn immer eine lukrative Sache. Sie verhalf ihm zu mehr Macht und vermehrte sein Vermögen.

Eine erste Visitation fand in Kursachsen 1524 statt, als Luther nach Orlamünde in Thüringen reiste und wegen des dortigen Wirkens seines ehemaligen Kollegen Karlstadt Gespräche mit der Gemeinde führte. 1525 gab es eine Visitation in der Umgebung von Eisenach, durchgeführt von dem Eisenacher Prediger Jakob Strauß. Im selben Jahr forderte Luther den neuen Kurfürsten Johann dazu auf, eine landesweite Visitation durchzuführen. Kommissionen aus zwei kurfürstlichen Räten und zwei Theologen sollten hierzu gebildet werden. Im Jahre 1527 folgte der Kurfürst dem Vorschlag und erließ hierfür eine amtliche Instruktion. In der folgenden Zeit wurde nach und nach das ganze Kurfürstentum visitiert. Melanchthon war daran maßgeblich beteiligt.

Luther schuf 1525 – endlich – eine deutsche Liturgie, die „Deutsche Messe und Ordnung des Gottesdienstes", und 1526 eine neue Taufliturgie. 1529 folgten eine Trauagende und ein Gesangbuch. Bereits auf der Wartburg hatte Luther mit einem Postillenwerk begonnen, das den Pfarrern als Predigthilfe dienen sollte. Doch bei der Durchführung der Visitation wurde schnell klar, dass es notwendig war, den Pfarrern und Lehrern eine Anleitung in die Hand zu geben, die theologische Einsichten der Reformation zusammenfasste und gleichzeitig im Stile einer Kirchenordnung praktische Fragen regelte. Melanchthon übernahm diese Aufgabe und verfasste 1527, auf dem Hintergrund seiner ersten Erfahrungen bei der Visitation Wittenbergs und seiner Umgebung, die lateinischen „Articuli, de quibus egerunt visitatores in regione Saxoniae" (Sächsische Visitationsartikel), die als Entwurf gedacht waren, aber ohne sein Zutun gedruckt wurden. Nach der Visitation in Thüringen kam in deutscher Sprache der „Unterricht der Visitatoren" hinzu, der nach offizieller Approbation durch den Kurfürsten und durch Luther im Februar 1528 gedruckt wurde.

Melanchthons „Unterricht" beginnt mit einer Vorrede Luthers und behandelt höchst unterschiedliche Dinge: die evangelischtheologische Lehre, die Zehn Gebote, das Gebet, das Verhalten des Christen in der Trübsal, die Taufe, das Abendmahl, die Buße, die Beichte, die Genugtuung für die Sünden, die Kirchenordnung, Ehefragen, den freien Willen, die christliche Freiheit, die Bedrohung durch die Türken, die Gemeindegottesdienste, den Abendmahlsausschluss, die Funktion des Superintendenten, den Aufbau und die Lehrinhalte der Schulen.

Die Visitationsartikel und der „Unterricht" führten zum ersten großen Streit innerhalb des Luthertums, dem so genannten ersten antinomistischen Streit, wegen der in ihnen geforderten Gesetzespredigt und den verlangten guten Werken.

Melanchthon begann den „Unterricht" mit einer Zustandsschilderung, die auf seinen Erfahrungen beruhte. Er sagte, viele evangelische Pfarrer im Lande würden nur vom Glauben predigen und die Vergebung der Sünden verkündigen, übergingen aber einerseits die Frage, wie man zum Glauben kommen könne, und andererseits sprächen sie nicht über die Notwendigkeit der Buße. Ohne Buße, so Melanchthon, gebe es keine Vergebung der Sünden. Die Menschen würden durch diese falschen Predigten „sicher und furchtlos". Melanchthon forderte, gemäß Lk 24,47 das Evangelium „ganz" zu predigen, auch den Bußruf Christi. Die Menschen müssten „fleißig und oft" zur Buße ermahnt werden, sie sollten aufgefordert werden, ihre Sünden zu bereuen, und ihnen müsse Furcht vor Gottes Gericht eingejagt werden. Die Prediger sollten außerdem nicht nur grobe und offensichtliche Sünden anprangern, sondern ihr Augenmerk auch auf „falsche Heiligkeit" richten und falsche Heilige hart zur Buße ermahnen. Konkret empfiehlt Melanchthon den Pfarrern, häufig die Zehn Gebote auszulegen und den Menschen an biblischen und anderen Beispielen zu zeigen, wie Gott strafe. Die Verkündigung des richtenden Gottes stehe am Anfang. Danach, so Melanchthon, solle man zur Buße und zur Reue auffordern und vom Glauben predigen, der die Vergebung der Sünden und die Gerechtigkeit schenke.

Diese Gedanken Melanchthons finden sich auch bei Luther und werden von der Dogmatik in die Formel „Gesetz und Evangelium" gekleidet. Melanchthon nimmt aber noch ein Drittes hinzu und sagt wörtlich: „Das dritte Stück christlichen Lebens ist gute Werke tun." Melanchthon versteht darunter Keuschheit, Nächstenliebe, die Befolgung der Zehn Gebote, das Beten und das richtige Verhalten in Situationen des Leids. Melanchthon empfiehlt den Pfarrern, grobe, unbußfertige Sünder wie Ehebrecher und Fresssüchtige nach mehrmaliger erfolgloser Ermahnung vom Abendmahl auszuschließen.

Gegen diese neue Betonung der guten Werke und des Gesetzes opponierte der Melanchthon- und Lutherschüler Johann Agricola, Melanchthons von Katharina verhinderter Wohngenosse, jetzt Schulmeister in Eisleben. Er lehnte die von Melanchthon geforderte Predigt der Buße ab und meinte, die Pfarrer sollten allein die Gnade, allein die Liebe Gottes predigen. Luther ergriff jedoch Partei für Melanchthon, und damit war der Streit zunächst einmal erledigt. Er ist als erster antinomistischer Streit in die Geschichte eingegangen.

Später kam es im Luthertum zu einem weiteren antinomistischen Streit, dessen erste Phase unter anderem von dem Melanchthonschüler und Wittenberger Theologieprofessor Georg Major ausgelöst wurde (majoristischer Streit), als er 1552 in provozierender Abgrenzung von protestantischen Gesetzesverächtern sogar die Heilsnotwendigkeit der guten Werke behauptete, was dann andere zu der scharfen antinomistischen Gegenthese herausforderte, gute Werke seien schädlich für das Heil.

Ein wichtiger Teilaspekt der Reformation war die Umgestaltung des Bildungswesens. Luther hatte Bildung, auch für sozial Schwache und auch für Mädchen, gefordert, und Melanchthon ließ der Forderung Taten folgen.

# Engagement für Schulen und Hochschulen

Melanchthon war ein leidenschaftlicher Lehrer. Nicht nur an der Universität bemühte er sich um die Bildung der Jugend, sondern sogar in seinem eigenen Haus richtete der junge Professor – auch aus ökonomischen Gründen – eine Schule ein. Beinahe zehn Jahre lang, von 1521/1522 bis 1529/30 hatte sie Bestand und zählte viele bedeutende Namen. Melanchthons Schüler lernten nicht nur Lesen, Schreiben, Rechnen und Latein, sondern auch Beten. Am Abend und am Morgen sowie zu Tisch wurde im Hause Melanchthons gebetet. Er verfasste sogar eigens Gebetstexte für seine Privatschüler.

Melanchthon erstellte gerne und häufig persönliche Lehrpläne für einzelne Studenten. Er hatte die Absicht, jedem Studenten der Universität einen Tutor beizugeben, doch das scheiterte auf allen Ebenen: an den Studenten, die Angst vor zu viel Kontrolle hatten, an den Dozenten, die jede Mehrbelastung scheuten, und an der fehlenden Unterstützung durch die Stadt. Melanchthons Lehrerfolg an der Wittenberger Universität war gewaltig. Die Studenten kamen seinetwegen nach Wittenberg, nicht unbedingt wegen Luther. Bereits 1520 saßen in Melanchthons Vorlesungen 500–600 Hörer, bei Luther waren es 400. Dies hing auch damit zusammen, dass Melanchthon die Studenten im Grundstudium betreute. Nur ein Teil der Studenten ließ dem mit dem Magistertitel abgeschlossenen Grundstudium noch ein Theologiestudium folgen. Die meisten evangelischen Pfarrer hatten nur einen Magister-, keinen theologischen Abschluss.

Für Melanchthon war Pädagogik noch keine selbstständige Wissenschaft. Deshalb hat er auch kein Lehrbuch der Pädagogik geschrieben. Er hat aber Reden zu pädagogischen Themen gehalten und behandelte pädagogische Fragen ansonsten im Rahmen der Rhetorik, der Ethik, der Psychologie. Wie dachte der „Lehrer Deutschlands" über Bildungsfragen?

Bildung war für Melanchthon kein Selbstzweck. Er wollte sie

nicht im Elfenbeinturm betreiben. Er polemisierte gegen die
mittelalterliche Sophisterei und gegen den Rückzug aus der Gesellschaft. Je besser der Zustand sei, in dem sich ein Staatswesen
befinde, desto großzügiger verhalte es sich gegenüber denen, die
den Künsten und den Wissenschaften nacheiferten. Die Bildungs-
politik war für Melanchthon ein Gradmesser für das Niveau einer
Gesellschaft.

Melanchthon beglückwünschte die Lehrer zu ihrem Beruf.
Keine Daseinsform bringe mehr Freude als das schulische Leben.
Jedem geistig Gesunden bereite die Erkenntnis der Wahrheit un-
sagbare Lust. Denn sie zu erblicken sei der höchste Zweck, zu dem
die Menschen geschaffen sind. Melanchthon sah im schulischen
Leben ein Abbild des Paradieses und ein Vorgeschmack des jenseitigen Lebens, der himmlischen Akademie. Die Erhaltung und
die Verbreitung der dem Leben dienenden Wissenschaft sei die
heiligste und Gott wohlgefälligste Tätigkeit, die man sich denken
könne. In die Schulen und Universitäten solle man mit der gleichen Andacht eintreten, mit der Gläubige die Kirchen betreten,
denn auch in den Schulen und Universitäten gehe man mit Hei-
ligem um.

Die pädagogischen Grundbegriffe Melanchthons lauten: Eloquentia, Lectio, Imitatio und Declamatio. Der oberste Leitbegriff
ist die Eloquentia, die Beredsamkeit. Es geht bei der Bildung
um das Verstehen der Worte und der Sachen, um grammatische
Einsicht und um Realkenntnis, verbunden mit der Fähigkeit der
klaren Darstellung. Ein Verständnis, das nicht den entsprechen-
den sprachlichen Ausdruck findet, ist kein wirkliches Verständnis.
Begreifen und Sprechen sind unzertrennlich. Der Weg zur Eloquentia führt über die Lectio, die Lektüre: Durch das Lesen der
Klassiker sind Sprache und Inhalte zugleich zu lernen. Auch die
Bibellektüre ist selbstverständlich wichtig und ist eine tägliche
Aufgabe. Auf die Lectio folgt die Imitatio, die Nachahmung der
klassischen Autoren, insbesondere Ciceros. So geschult erwirbt
man die Fähigkeit, eine eigene lateinische Rede anfertigen und
vortragen zu können. In Wittenberg hat Melanchthon 1524 die
Sitte der Deklamationen in das Studium eingeführt und damit den
Stil der Universitäten nachhaltig, bis heute geprägt.

Auch ganz praktische methodische Regeln für das Lernen und
Lehren hat Melanchthon aufgestellt. Exempel sind für ihn wirk-

samer als Regeln. Er hält viel vom häufigen Wiederholen. Wenige Dinge gründlich zu machen sei sinnvoller als vieles nur oberflächlich. Wichtig sei, nicht nur zu hören, sondern selbst zu üben. Und Abwechslung erhalte die Lust am Lernen, Langeweile dagegen sei ein gefährlicher Feind erfolgreichen Lernens.

Zur Bildung gehörte für Melanchthon immer die religiöse Bildung. Frömmigkeit (pietas) und Bildung (eruditio) sah er schon bei seiner Antrittsrede 1518 in einem engen Zusammenhang. Es gibt für ihn zwar Bildung auch ohne Frömmigkeit, aber die wahre und hoch stehende Bildung bedarf der Frömmigkeit. Und umgekehrt gehört für Melanchthon zu wahrer Frömmigkeit immer auch Bildung. Von einem ungebildeten Frommsein hält er nichts. Auch auf die Frage, wie ein Mensch zur Frömmigkeit gelangt, hat Melanchthon eine Antwort: Frömmigkeit lernt man, indem man sie praktiziert und einübt.

Bei seinen Visitationsreisen hat Melanchthon zahlreiche deutsche Schulen besucht und reformiert. Er hat die Gründung dreiklassiger Lateinschulen, so genannter Trivialschulen, vorangebracht, unter anderem in Eisleben (1525) und in Herzberg an der Schwarzen Elster (1538). Hierfür hat er auch eine Schulordnung geschaffen, die in den „Unterricht der Visitatoren" aufgenommen wurde.

Aufgabe der Pfarrer ist es aus Sicht Melanchthons, die Eltern dazu anzuhalten, ihre Kinder in die Schule zu schicken. Der Schulbesuch sei notwendig, weil die Kirche und die Gesellschaft Menschen mit Schulbildung brauchten. Die Lateinschule wird nach Melanchthons Vorstellung in drei Klassen gegliedert. In der ersten Klasse lernen die Schüler Lesen, u.a. mit Hilfe des Vaterunsers. In der zweiten beschäftigen sie sich mit Latein. Die religiöse Unterweisung findet in ihr anhand der Bibel, des Katechismus und der Psalmen statt, die für Melanchthon eine „Summa eines christlichen Lebens" darstellen. Dabei wird viel auswendig gelernt. Mit „schweren und hohen Büchern" dürfe man die Zweitklässler aber noch nicht beladen, und dazu zählt er Jesaja, den Römerbrief und das Johannesevangelium. In der dritten Klasse findet ein fortgeschrittener Lateinunterricht mit Cicero, Vergil und Ovid statt, hinzu kommen Stilübungen und die Beschäftigung mit Dialektik und Rhetorik. Selbstverständlich müssen die fortgeschrittenen Schüler nun ständig lateinisch sprechen.

Bei der Gründung und der Reform von Hochschulen hat Me-

lanchthon ebenfalls mitgewirkt. Der Universität Wittenberg hat
er ihre Satzungen geschaffen, eine Studienordnung, die nicht nur
den Vorlesungsbeginn und die Vorlesungsinhalte regelte, sondern
auch Anweisungen für das Verhalten der Studenten erteilte. Außerdem hatte Melanchthon auf Tübingen, Frankfurt an der Oder,
Leipzig, Rostock, Heidelberg, Marburg an der Lahn, Königsberg
und Jena Einfluss. Um bei Gründungen und Reformierungen mitzuwirken, war nicht unbedingt seine Anwesenheit nötig. Häufig
schrieb er Briefe und erteilte Ratschläge. Indirekten Einfluss hatte
er durch Schüler, die vor Ort wirkten.

Beispielhaft lassen sich Melanchthons Beiträge zur Universitätsreform in Tübingen schildern, einer Stadt, mit der er infolge
seines Werdegangs in einer ganz besonderen Verbindung stand.
Das Herzogtum Württemberg war 1534 evangelisch geworden.
Schon im gleichen Jahr forderten der württembergische Reformator Erhard Schnepf und der Universitätskanzler Johannes Knoder
Melanchthon brieflich im Auftrag des Herzogs dazu auf, nach
Württemberg zu kommen. Interessant ist, dass auch die altgläubigen Professoren Tübingens Melanchthons Kommen wünschten,
weil er „nicht bissig und neidisch, sondern sittig, freundlich und
friedsam" sei, wie sie meinten. Melanchthon reizte die Aufgabe,
stellte die Entscheidung aber seinem Kurfürsten anheim. Dieser
beschloss, Melanchthon müsse in Wittenberg bleiben. 1535 kam
aber ein enger Vertrauter Melanchthons, der bisher in Nürnberg
an der Hohen Schule lehrende Joachim Camerarius, nach Tübingen. Bis 1541 blieb er in der Stadt und übernahm dann eine Professur in Leipzig.

Im Frühjahr 1536 erfolgte eine erneute Einladung Melanchthons
nach Tübingen. Achtzehn Jahre, nachdem er die Universitätsstadt
verlassen hatte, reiste er wieder dorthin, wo einst seine akademische Karriere begonnen hatte, und wirkte bei Berufungen mit.
Mit hundert Gulden reich beschenkt kehrte er nach Wittenberg
zurück. Zweimal, 1537 und 1545, erhielt Melanchthon einen Ruf auf
eine Tübinger Professur, doch er lehnte ab. Von Wittenberg aus
blieb er aber weiter an der Ausgestaltung der Tübinger Universität
beteiligt.

Unter dem Einfluss Melanchthons wurde in Tübingen das
Sprachstudium intensiviert. Die Studenten sollten sowohl Aristoteles als auch die Bibel in den Originaltexten lesen. Bei den Juristen

wurde der Unterricht im kirchlichen Recht abgeschafft. Professoren, die sich den Reformen widersetzten, wurden entlassen. Die Studenten wurden zur Beteiligung am evangelischen Gottesdienst und auf ein sittliches Leben verpflichtet.

Schließlich hat Melanchthon auch höhere Humanistenschulen, so genannte Oberschulen, gegründet, am berühmtesten war seine Gründung in Nürnberg, die zum Vorbild des modernen humanistischen Gymnasiums wurde. Dort hatte im Oktober 1524 der Rat beschlossen, eine höhere Schule zu gründen, und Melanchthon als Rektor benannt. Das Amt hat der Wittenberger Professor natürlich abgelehnt, kam aber im November 1525 zur Vorbereitung der Schulgründung und im Mai 1526 zur Eröffnung.

Die Reise nach Nürnberg brachte Melanchthon unerwartet in Kontakt mit einer altgläubigen Nonne, mit Caritas Pirckheimer im Nürnberger Klarakloster.

# Begegnung mit Caritas Pirckheimer

Melanchthon war kein Mönch, und er hatte auch nie erwogen, im Kloster zu leben. Schon vor Luther vertrat er öffentlich die Position, dass es für die von Mönchen und Nonnen abgelegten Gelübde der Armut, der Keuschheit und des Gehorsams keine biblische Grundlage gebe. Er hat das monastische Stundengebet wegen seiner Ausrichtung auf eine rein äußerliche Pflichterfüllung kritisiert, als Luther noch daran festhielt. Mit Luther verlangte er die Umwandlung der Klöster in Schulen.

Diese Forderung musste man vielerorts nicht zweimal erheben. Viele Klöster leerten sich von selbst. Die Mönche und die Nonnen liefen davon und wählten die Ehe als neue Lebensform. Ein berühmtes Beispiel ist Katharina von Bora, die 1523 ihr Kloster verließ und 1525 Luther ehelichte. Doch wie sollte man mit Mönchen und Nonnen umgehen, die aus Überzeugung ihrer Lebensform treu bleiben wollten? Mit dieser Frage wurde Melanchthon 1525 in Nürnberg konfrontiert. Der Gelehrte stellte sich dem Gespräch mit der altgläubigen Äbtissin Pirckheimer.

Caritas Pirckheimer wurde als Barbara Pirckheimer 1467 in Eichstätt geboren. Sie entstammte einer angesehenen und wohlhabenden Nürnberger Patrizierfamilie, die eines der größten europäischen Handelshäuser besaß. Im Jahre 1479 kam sie, zunächst zur Erziehung, ins örtliche Klarakloster. Vermutlich 1483 legte sie ihre Gelübde ab und band sich dauerhaft. Ihr Ordensnamen wurde Caritas, der für Klarissinnen zugleich Programm war: Liebe. Anders als Katharina von Bora wurde ihr das klösterliche Leben nie zum Problem.

Das schon im 14. Jahrhundert gegründete Klarakloster stand in der Tradition des Franz von Assisi. Klara von Assisi, auf die der Klarissenorden zurückgeht, war die erste Frau unter der Gefolgschaft des Franziskus, die 1215/16 dem von ihm eingeschlagenen neuen Leben nach apostolischem Vorbild folgen wollte. Franz gründete für sie ein Kloster, und Klara selbst gab ihm eine Ordnung und schrieb eine Regel, die 1253 vom Papst gebilligt wurde. Der Nürnberger Klarissenkonvent, zu dem rund sechzig Schwestern zählten, führte ein vorbildliches geistliches Leben. Pirckheimer wurde im Jahre 1503 zur Äbtissin gewählt. Sie war eine gebildete Frau, die sogar der lateinischen Sprache mächtig war. Sie besaß eine beachtliche Bibliothek und stand mit humanistischen Gelehrten in Briefkontakt. Unter den Humanisten gab es nur wenige Frauen und nur wenige Mönche. Humanistinnen waren selten und Klosterhumanisten ebenso. Caritas Pirckheimer gehörte dem Humanismus an und war Frau und Nonne und damit eine Klosterhumanistin, vielleicht die einzige Klosterhumanistin überhaupt.

Die Reformation veränderte jedoch das kontemplativ-gelehrte, der Andacht und der Bildung zugewandte Leben hinter den Klostermauern. Die Reichsstadt Nürnberg, die sich 1522 der Reformation zugewandt hatte, wollte Luthers Ideen in die Tat umsetzen und begann im Jahre 1524, als Luther selbst noch immer als Mönch lebte, mit der Auflösung der Klöster. Das funktionierte vielfach, besonders bei den Männerklöstern, ohne Probleme, doch die Klarissinnen widersetzten sich einmütig und hartnäckig und wollten auch in der evangelischen Stadt ihr klösterliches Leben als Anhängerinnen des alten Glaubens fortführen. Die evangelische Obrigkeit und die Reformatoren Nürnbergs hatten aber nicht die Absicht, das zu dulden. Den Schwestern wurden ihre franziskanischen Beichtväter entzogen, und sie wurden gezwungen, evangelischen Predigern zuzuhören, die den Frauen in ihren Reden heftige Vorhaltungen machten. Wenn sich die Schwestern zum Stundengebet im Chor ihrer Kirche versammelten, warfen evangelische Nürnberger Steine über den Lettner, der wie damals in Klosterkirchen üblich in der Form einer Mauer den Kirchen- von dem Chorraum trennte, und störten so die Nonnen in der Andacht oder verletzten sie sogar körperlich. Evangelische Eltern, die ihren früheren Entschluss bereuten, die Tochter ins Kloster zu geben, stürmten das Kloster und entführten ihre Tochter mit Gewalt. Jämmerliche Szenen spielten sich ab. Geplant war vom Rat der Stadt, die Nonnen zu zwingen, weltliche Kleider zu tragen und aus ihren Redefenstern, die den strengen Ordnungen der Klarissinnen gemäß keinen Blickkontakt erlaubten, Gesichtsfenster zu machen. Pirckheimer verteidigte ihren Konvent mit allen Kräften, schrieb Briefe und machte Eingaben. Dabei berief sie sich – wie Luther in Worms – auf ihr Gewissen und erinnerte die Evangelischen an die tolerante Haltung der Türken, die Andersgläubige unter ihrer Religion duldeten. Stundenlang sprach sie auch mit dem Nürnberger Reformator Andreas Osiander, der das gewaltsame Vorgehen jedoch richtig fand.

In ihrer Not wandte sich Pirckheimer an ihren Bruder, den Humanisten Willibald Pirckheimer. Dieser schrieb im Frühjahr 1525 einen Brief an seinen alten Freund Melanchthon, schilderte ihm mit herzergreifenden Worten die Situation und bat ihn zu intervenieren. Willibald Pirckheimer gab dabei zu erkennen, dass er selbst das Klosterleben ebenfalls kritisch sehe und den Lebensweg seiner beiden Töchter, die Nonnen geworden waren, inzwischen für falsch halte. Doch das rechtfertigte in seinen Augen keine Gewalt.

Als Melanchthon im Herbst 1525 seine Reise nach Nürnberg antrat, nutzte Caritas Pirckheimer die Chance und gewann ein Ratsmitglied, Kaspar Nützel, für die Idee, Melanchthon zu einem Besuch im Kloster zu bewegen. Das Vorhaben gelang.

Um den 18. November 1525 besuchte Melanchthon das Klarakloster und sprach unter vier Augen mit der Äbtissin. Zunächst meinte er, ihr die Anliegen der Reformation deutlich machen zu müssen, doch Pirckheimer zeigte ihm, dass sie diese sehr wohl kannte. Dem – von ihr erwarteten – Vorwurf der Werkgerechtigkeit begegnete sie, indem sie betonte, sie und ihre Mitschwestern setzten ihre Hoffnungen nicht, wie die Reformatoren hartnäckig behaupteten, auf eigene Werke, sondern auf die Gnade Gottes. Melanchthon räumte ein, dass man im Kloster ebenso selig werden könne wie in der Welt, sofern man die Gelübde nicht als verdienstlich erachte. In der Frage der Gültigkeit der Gelübde waren sich die beiden jedoch nicht einig. Melanchthon blieb bei seiner Auffassung, dass Gelübde nicht ewig bindend seien, während Pirckheimer der Ansicht war, dass man Gott gegebene Versprechen halten müsse. Trotz dieses Dissenses schieden die beiden in Freundschaft.

Nach dem Gespräch setzte sich Melanchthon beim Rat der Stadt für die Klarissinnen ein. Er verurteilte den Entzug der Beichtväter sowie die Entführungen von Nonnen und sprach sich sehr deutlich gegen Gewaltmaßnahmen aus. In der Folge ließen die Nürnberger die Klarissinnen in Frieden. Nur eine Schwester hat im Jahre 1528 das Kloster freiwillig verlassen. Alle anderen blieben bis zu ihrem

Tod. Allerdings durften keine neuen Nonnen mehr aufgenommen werden. Außerdem blieb den Klarissinnen weiterhin jede geistliche Betreuung durch altgläubige Priester verwehrt, sie konnten also nicht mehr die Beichte ablegen und mussten auf die Feier der Eucharistie und auf die Krankensalbung, die Letzte Ölung, verzichten. Nachdem 1596 die letzte Nonne verschieden war, wurde das Kloster abgerissen. Erhalten geblieben ist nur die Klosterkirche, in welcher die 1532 verstorbene Äbtissin bestattet worden war. Ihr Grab wurde 1959 wieder aufgefunden. Heute erinnert ein nach ihr benanntes katholisches Bildungszentrum auf dem Gelände des Klosters an ihr Wirken in der evangelischen Reichsstadt.

Pirckheimer hat sich nach dem Zusammentreffen mit Melanchthon mehrfach positiv über die Begegnung und seine Person geäußert und den Wunsch ausgedrückt, dass doch alle Evangelischen so wären wie er. Doch sie waren anders. Die Auflösung der Klöster schritt voran, überall wo die Reformation Fuß gefasst hatte. Auch andernorts widersetzten sich am ehesten die Nonnen. Häufig wurden Klöster tatsächlich in Schulen umfunktioniert. Zu einem reformatorisch gewandelten Weiterbestehen von Klöstern kam es nur ganz vereinzelt. Vor allem im Gebiet des heutigen Niedersachsen gab es nach der Reformation evangelische „Damenstifte", in denen adlige Töchter auf evangelische Weise ein klösterliches Leben führten. Allerdings waren diese Einrichtungen letztlich Versorgungsstätten für Adelstöchter, und sie hatten keinerlei kirchliche Relevanz. Auch das geistliche Leben in den Gemeinschaften scheint nicht besonders intensiv gewesen zu sein. Einige dieser Damenstifte bestehen bis heute und bemühen sich mitunter sogar, wie das Stift Börstel im Nordwesten von Osnabrück, um ein neues klösterliches Leben in evangelischem Geist.

Zu klösterlichen Neuaufbrüchen im Protestantismus kam es im 19. und 20. Jahrhundert. Es gründeten sich Diakonissenhäuser und Kommunitäten. Seit einiger Zeit existieren sogar „Evangelische Benediktinerinnen". Auch in Luthers ehemaligem Erfurter Kloster gibt es heute wieder – evangelisch geformtes – monastisches Leben.

Melanchthons Begegnung mit Pirckheimer war – je nach Sichtweise – ein Rest oder ein Anfang von Ökumene im Zeitalter der Glaubensspaltung. Ökumenische Chancen bot auch der Reichstag in Augsburg im Jahre 1530. Doch sie zerschlugen sich rasch.

# Reichstag und Bekenntnis von Augsburg

Der Reichstag von Augsburg 1530 gehört zu den bedeutendsten Ereignissen der Reformation. Er hatte eine längere Vorgeschichte.

Trotz der Verketzerung und Ächtung Luthers im Jahre 1521 gewann die Reformation weiter an Boden und wurde von den Altgläubigen nicht konsequent bekämpft. Auch der Kaiser ging nicht gegen die Evangelischen vor, weil seine Kräfte durch Kriege gebunden waren, die er an den Grenzen des Reichs mit Franzosen und Türken führte.

Wichtig für die weitere Geschichte der Reformation wurde ein Reichstag, der in Speyer im Jahre 1526 zusammentrat. Einmütig beschloss die Versammlung, dass jeder Reichsstand bei den anstehenden Fragen seinem Gewissen folgen solle. Die evangelisch gesinnten Fürsten sahen dies als einen Freibrief zur Umsetzung der Reformation an. Diese machte in den Folgejahren kräftige Fortschritte. Doch im März und April 1529 tagte erneut ein Reichstag in Speyer, an dem Melanchthon als Berater der kursächsischen Gesandtschaft beteiligt war. Der Kaiser war zwar nicht dabei, hatte aber daran gedacht, schriftlich einige Vorschläge zu unterbreiten. Er wollte einen Religionsvergleich und ein Nationalkonzil, seine Vorschläge trafen aber verspätet in Speyer ein. Sein Bruder, Erzherzog Ferdinand von Österreich, der seit 1521/22 sein Statthalter war und 1531 deutscher König und damit designierter Nachfolger des Kaisers werden sollte, hatte bereits seine eigenen, weniger kompromissbereiten Vorschläge als die des Kaisers ausgegeben: Verbot von Neuerungen bis zum Konzil, Aufhebung des Beschlusses von 1526, Androhung von Reichsacht bei Zuwiderhandlung. Diesen Vorschlägen folgten die Mehrheitsbeschlüsse. Ein allgemeines Konzil wurde zwar in Aussicht gestellt, aber bis dahin waren alle Neuerungen ausdrücklich verboten. Die Messe sollte überall wieder geduldet werden.

Mit dieser Beschlussfassung war allerdings ein schwerwiegendes juristisches Problem verbunden: Kann überhaupt ein einstim-

mig gefasster Reichstagsbeschluss durch eine neue Mehrheit gegen
den Willen einer Minderheit wieder aufgehoben werden? Viermal
protestierten die unterlegenen evangelischen Stände im April 1529
und erklärten, in Glaubenssachen dürfe nicht durch Mehrheitsvo-
ten entschieden werden; jeder Reichsstand müsse selbst vor Gott
Rechenschaft ablegen und sein Verhalten verantworten. Neunzehn Unterzeichner hatte die „Protestation", wegen der die Evangelischen, viel später, den Beinamen „Protestanten" bekommen
haben. Die Neunzehn waren: Kursachsen, Hessen, Brandenburg-
Ansbach, Braunschweig-Lüneburg, Anhalt (Köthen), Straßburg,
Nürnberg, Ulm, Konstanz und einige weitere Städte. So weit hatte
sich die Reformation bis 1529 bereits verbreitet!

1530 wurde wieder ein Reichstag anberaumt, und Kaiser Karl V.
hatte nunmehr die feste Absicht und auch die Möglichkeit, selbst
teilzunehmen. Im Vorfeld dieses neuen Reichstages forderte er die
Evangelischen auf, der Reichsversammlung ihren Glauben darzulegen. Er wolle den Zwist friedlich beilegen. Die Evangelischen
schöpften Hoffnung, mit ihrem Glauben vom Kaiser akzeptiert zu
werden, und gingen mit großem Eifer an die Ausarbeitung eines
Textes, den man als gemeinsames Glaubensbekenntnis präsentie-
ren konnte. Melanchthon kam dabei die Hauptverantwortung zu,
weil Luther ohne Gefahr für Leib und Leben als Verketzerter und
Geächteter nicht nach Augsburg hätte reisen können. Luther nä-
herte sich dem Tagungsort so weit es ging und nahm Quartier auf
der Veste Coburg im heutigen nördlichen Bayern, die damals zum
Kurfürstentum Sachsen gehörte. Die Ausarbeitung des Bekenntnisses musste aber am Ort des Geschehens erfolgen. Melanchthon
war vom 2. Mai bis zum 23. September in Augsburg.

Die Hoffnungen der Evangelischen wurden in Augsburg rasch
zunichte gemacht, da sich der Kaiser sofort und deutlich als Anhänger des alten Glaubens gebärdete, evangelische Predigten in
der Stadt verbot und die Teilnahme an einer Fronleichnamspro-
zession anordnete. Melanchthon arbeitete mit anderen evangelischen Theologen und in ständiger Abstimmung mit den evangelischen Fürsten am Text des Bekenntnisses. Er wollte der anderen
Seite signalisieren, dass die Reformation in ihren Grundsätzen auf
dem Boden des allgemein Christlichen stehe, in zentralen Punkten also Übereinstimmung herrsche und nur dort an der alten
Kirche Kritik geübt werde, wo sich „Missbräuche" eingeschlichen

hätten. Das Bekenntnis, das parallel in einer lateinischen und in einer deutschen Fassung erstellt wurde, hat deshalb eine markante Zweiteilung. Im ersten Teil werden Themen wie die Gotteslehre und das Sündenverständnis, aber auch die Lehre von der Kirche und von den Sakramenten verhandelt, insgesamt einundzwanzig Punkte, in denen – angeblich – Übereinstimmung herrsche. Im zweiten werden in nur sechs Punkten strittige Fragen wie der Laienkelch (Abendmahlswein für die Gemeinde), das Zölibat (Ehelosigkeit der Priester), das Messopfer (die Lehre, bei der Messe werde das Opfer Christi wiederholt) und die Mönchsgelübde diskutiert. Dieses Vorgehen, das man als geschicktes Taktieren oder als ernsthaftes Angebot zum Kompromiss ansehen kann, war in Augsburg jedoch nicht erfolgreich.

Am 25. Juni 1530, an einem heißen Sommertag, nachmittags um drei Uhr, wurde das Augsburger Bekenntnis, lateinisch: Confessio Augustana oder kurz: CA, in seiner deutschen Fassung vor dem Kaiser und der Reichsversammlung verlesen. Karl V., der des Deutschen nicht mächtig war, schlief dabei ein. Melanchthon aber war nicht anwesend. Er saß in seiner Augsburger Herberge und weinte vor Erschöpfung. Die Verlesung im Kapitelsaal des Bischofspalasts wurde von Christian Beyer aus Wittenberg, dem kursächsischen Kanzler, vorgenommen.

Die CA war nicht das einzige evangelische Bekenntnis, das in Augsburg präsentiert wurde. Unter der Führung von Straßburg hatten vier „oberdeutsche", das heißt südwestdeutsche Städte ein „Vier-Städte-Bekenntnis" (Confessio Tetrapolitana) eingereicht und der Züricher Reformator Huldrych Zwingli eine „Verantwortung des Glaubens" (Fidei ratio), doch anders als die CA fanden sie in Augsburg kein Gehör. Ein Hauptunterschied dieser alternativen Bekenntnisse lag im Verständnis des Abendmahls. Die Lutheraner standen in dieser Frage den Altgläubigen näher als die Straßburger und die Züricher.

Die Altgläubigen reagierten auf die CA mit einer „Widerlegung", der „Confutatio", am 3. August verlesen, die den Protestanten nicht ausgehändigt wurde. Dagegen verfasste Melanchthon eine lateinische „Apologie", deren Annahme der Kaiser am 22. September aber verweigerte. Karl V. verlangte von den Evangelischen die Annahme der Confutatio. Die katholische Mehrheit bestätigte das Wormser Edikt und verhieß ein Konzil binnen Jahresfrist. Die evangelischen Stände verließen den Reichstag unter erneutem Protest. Der Reichstagsabschied vom 19. November erklärte die CA für widerlegt.

Hinter den Kulissen gab es damals noch private und offizielle Gespräche und Verhandlungen, in denen Melanchthon Chancen für eine theologische Einigung auszuloten versuchte. Im August kam es zu offiziellen Ausschussverhandlungen, wobei Fürsten und Theologen beider Seiten versuchten, Kompromisse zu schließen. Allen war klar, dass die Fortdauer des kirchlichen Konflikts früher oder später einen Krieg zur Folge haben würde.

In den Verhandlungen über die Rechtfertigungslehre wollte Johannes Eck, der wieder einmal für die Altgläubigen in den Ring zu steigen hatte, das „sola fide" nicht akzeptieren, und man einigte sich auf die Formel, die Rechtfertigung erfolge „aus Gnade und Glauben". Das konnten beide unterschreiben, aber mit der Gnade wurden jeweils verschiedene Dinge verknüpft. Für Eck verlieh die Gnade dem Menschen eine neue Qualität (habitus), sie bewirke, dass er Werke der Liebe hervorbringe, die nach katholischem Verständnis zur Rechtfertigung dazugehörten. Für Melanchthon dagegen war die Gnade das Wirken des Heiligen Geistes, das den rechtfertigenden Glauben hervorbringt. Es war ein Kompromiss der Worte, der gefunden wurde, aber im Inhaltlichen war man sich nicht näher gekommen.

Trotz dieses Teilerfolges bei der Formulierung der Rechtfertigungslehre und obwohl Melanchthon bereit war, die bischöfliche Jurisdiktion zu tolerieren, was er mit Luther abgesprochen hatte, und bei den Altgläubigen den Verzicht auf den Laienkelch und den Fortbestand der Privatmessen zu dulden, verliefen die Gespräche erfolglos. Die Altgläubigen waren weder bei der Messe noch bei der Priesterehe zu Zugeständnissen bereit, und auch das evangelische Lager war sich nicht einig, wie weit man auf die Altgläubigen zugehen sollte. Während Melanchthon zu weiteren Kompromissen neigte, verfolgten insbesondere die Nürnberger Ratsherren und Theologen eine harte Linie. Zerwürfnisse im protestantischen Lager waren die Folge.

Luther nahm von der Veste Coburg aus lebhaft Anteil am Geschehen und schrieb Briefe nach Augsburg. Er versuchte Melanchthon zu stärken, zu trösten, aufzumuntern, aber auch auf die rechte Bahn zu weisen. Die gemeinsame Verhandlungslinie war bereits Ende März festgelegt worden. Luther war mit der Arbeit, die Melanchthon in Augsburg leistete, im Großen und Ganzen zufrieden, auch mit der CA. Ihm war klar, dass er selbst diese schwierige vermittelnde Arbeit so nicht hätte leisten können. In diesem Zusammenhang schrieb er einmal an Melanchthon, er, Luther, könnte „nicht so leise treten". Das war anerkennend gemeint. Aber daraus wurde später der Vorwurf konstruiert und Luther in den Mund gelegt, Melanchthon sei ein Leisetreter, kein wahrer Bekenner.

Um den Reichstag von Augsburg, eines der bedeutendsten Ereignisse der Reformationsgeschichte, rankten sich viele Anekdoten und Legenden. Melanchthon berichtete später, wie sehr er Eck zugesetzt habe, als er gegen die altgläubige Verehrung und Anbetung der Abendmahlselemente argumentierte und Eck ihn nicht widerlegen konnte. Dieser sei darauf im Zorn entbrannt, habe sich abends betrunken und sei dann krank geworden.

Die CA wurde trotz ihres speziellen Entstehungshintergrunds bald schon als offizieller Ausdruck der lutherischen Lehre, als lutherisches Hauptbekenntnis angesehen. 1555 wurde sie die Grundlage des Augsburger Religionsfriedens und 1580 Teil des Konkordienbuchs. Obwohl sich manche lutherische Theologen eine deutlichere Ausformulierung evangelischer Lehre gewünscht hätten, hat sich der zurückhaltende Stil bewährt. Die CA war schon im 16. Jahrhundert und erst recht bei der Bildung von Kirchenunionen im 19. Jahrhundert als Brücke zu den reformierten Kirchen benutzbar, und sie hat sich in jüngster Zeit sogar als mögliche Brücke zu einer theologischen Einigung mit der römisch-katholischen Kirche erwiesen. In den 80er-Jahren des 20. Jahrhunderts diskutierten führende katholische Theologieprofessoren, unter anderen der jetzige Präsident des „Päpstlichen Rates zur Förderung der Einheit der Christen" Kardinal Walter Kasper, damals Theologieprofessor in Tübingen, die katholische Anerkennung der CA und erklärten, dass die CA Positionen formuliere, denen sie zustimmen könnten. Damit ist Jahrhunderte später in Erfüllung gegangen, was sich Melanchthon im Jahre 1530 gewünscht hat.

1530 aber, nach dem Scheitern des Reichstages, drohte in Deutschland Krieg, ein Religions- und Bürgerkrieg.

# Krieg für den Glauben?

Schon in den 20er-Jahren drohte der Glaubensstreit in einen Religionskrieg umzuschlagen. Melanchthon hat ständig damit gerechnet hat, dass Krieg ausbricht, und das nicht ohne Grund.

Evangelische wie Altgläubige bemühten sich bereits in den 20er-Jahren darum, die eigenen Reihen zu schließen und Bündnisse abzusprechen. 1524 wurde in Regensburg ein Bündnis zur Durchsetzung des Wormser Edikts gegründet, zu dem sich Bayern, Salzburg, verschiedene Bistümer und Erzherzog Ferdinand zusammenfanden. 1525 schlossen in Dessau Georg von Sachsen, Joachim von Brandenburg, Albrecht von Mainz und die Herzöge von Braunschweig ein Bündnis mit derselben Zielsetzung. Anfang 1526 sammelten sich evangelische Fürsten, darunter Kurfürst Johann von Sachsen und Philipp von Hessen, im Gothaer Bund, und noch im selben Jahr verbündeten sich in Torgau Hessen und Kursachsen mit Lüneburg, Mecklenburg, Anhalt, Mansfeld und Magdeburg. Nach dem Reichstag von Speyer 1529 entstand ein Geheimbündnis Kursachsens und Hessens mit einigen Städten. Aber erst der Augsburger Reichstag oder vielmehr sein Scheitern führte zur Entstehung eines großen, schlagkräftigen Bündnisses.

Bereits Ende Dezember 1530 verhandelten die evangelischen Stände über ein Verteidigungsbündnis, und im Februar 1531 wurde es abgeschlossen. Mitglieder wurden auch die oberdeutschen Reichsstädte, nicht aber Nürnberg und Brandenburg-Ansbach. Bekenntnisgrundlage war die CA und anfangs auch die Confessio Tetrapolitana. Acht Fürsten und elf Städte fanden sich zusammen: das Kurfürstentum Sachsen, Hessen, das Herzogtum Braunschweig-Lüneburg, das Herzogtum Braunschweig-Grubenhagen, das Fürstentum Anhalt-Bernburg, die Grafschaft Mansfeld, Straßburg, Ulm, Konstanz, Reutlingen, Memmingen, Lindau, Biberach, Isny, Lübeck, Magdeburg und Bremen. Später traten auch noch Braunschweig, Göttingen, Esslingen, Goslar und Einbeck bei.

Da die Verhandlungen in Schmalkalden stattfanden, wurde das

Bündnis Schmalkaldischer Bund genannt. Der Ort im heutigen
Thüringen gehörte zur Landgrafschaft Hessen, lag aber nahe bei
Kursachsen. Hessen und Kursachsen waren die Hauptterritorien
der Reformation. Es war angemessen, sich zu Beratungen an einem Ort zu treffen, der zwischen diesen beiden Großmächten lag.
Deshalb gab der Ort seinen Namen sowohl für das Militärbündnis
der Protestanten als auch für ein dort später formuliertes Bekenntnis sowie für den noch späteren Krieg des Kaisers gegen die in
diesem Bund organisierten Protestanten.

Hessen und Straßburg hätten auch gerne die Schweizer (Zürich, Bern, Basel) in das Bündnis aufgenommen, doch Zwingli
und seine Anhänger waren nicht bereit, die Confessio Tetrapolitana anzuerkennen und erst recht nicht die Confessio Augustana.
In der Schweizer Eidgenossenschaft hatte sich ein eigener Zweig
der Reformation etabliert, der sich nicht von Wittenberg führen
lassen wollte. Später sind auf dieser Basis eigenständige evangelische Kirchenwesen entstanden, die dann aber nicht nach Zwingli
benannt, sondern als „reformierte" oder – wegen der später
prägenden Kraft des Genfer Reformators Johannes Calvin – als
„calvinistische" Kirchen bezeichnet wurden. Alle evangelischen
Kirchen sind „reformatorisch", aber nur die von der Schweizer Reformation abstammenden werden als „reformiert" tituliert. Heute
ist der Calvinismus weltweit gesehen stärker als das Luthertum.

Aus bündnispolitischen Gründen bemühten sich die Wittenberger mit Straßburg um eine Einigung in der Abendmahlsfrage.
Im Dezember 1534 trafen sich Melanchthon und der Straßburger
Reformator Martin Bucer in Kassel. Im Mai 1536 kamen die Straßburger Theologen nach Wittenberg. In der „Wittenberger Konkordie" wurden Kompromissformeln festgelegt, die Melanchthon
entworfen hatte. Man sprach, um die Verbindung des Abend-
mahlsbrotes mit dem Leib Christi auszudrücken, von der „sakra-
mentalen Einheit" (unio sacramentalis) und nicht mehr von der
„Substanzeinheit" (unio substantialis), ferner von der „Mahlteilnahme der Unwürdigen" (manducatio indignorum), nicht mehr
der „Ungläubigen" (impiorum), um die Frage nach der Relevanz
des Glaubens beim Empfang des Sakraments zu umgehen. Später
hat Melanchthon diese neue Terminologie in die überarbeitete
Confessio Augustana aufgenommen.

Der Schmalkaldische Bund suchte die Verbindung mit England, Frankreich und Dänemark, um ein breites antihabsburgisches Bündnis aufzustellen. Sogar die Sympathie des Papstes und des katholischen Bayern konnten die Schmalkaldener gewinnen.

Ein erster Erfolg des protestantischen Bündnisses war der so genannte Nürnberger Anstand im Jahre 1532, der den Protestanten einen Landfrieden bis zum erwarteten Konzil gewährte. Erstmals wurde damit von der in Worms festgelegten Linie offiziell abgewichen. Ein zweiter Erfolg war die – gewaltsame – Rückführung Herzog Ulrichs nach Württemberg und der Anschluss Württembergs an die Reformation im Jahre 1534. Der Schmalkaldische Bund war ein Verteidigungsbündnis der Evangelischen. Aber es stellte sich die Frage, ob sich Anhänger der evangelischen Lehre überhaupt mit militärischen Mitteln verteidigen und sich gegen den Kaiser, ihre Obrigkeit, zur Wehr setzen dürften.

Luther und Melanchthon haben den Christen immer den Gehorsam gegen die Obrigkeit eingeschärft. Dabei hatten sie normalerweise das Verhältnis der Untertanen, des einfachen Volkes, zu den Fürsten, Territorialherren und Stadträten im Blick. Nun aber stellte sich das Problem auf eine andere Weise: Müssen die Fürsten dem Kaiser gehorsam sein und beispielsweise das Wormser Edikt, ein Reichsgesetz, befolgen? Dürfen sich protestantische Fürsten wehren, wenn sie der altgläubige Kaiser mit Krieg überzieht? Dürfen sie einem drohenden Angriff des Kaisers mit einem Präventivkrieg begegnen?

Das waren schwierige politische, juristische, theologische und ethische Fragen. Es ging sowohl um die Frage des Obrigkeitsgehorsams als auch um die Frage, unter welchen Bedingungen für Christen das Kriegführen und Töten legitim sei.

Huldrych Zwingli hatte schon in den 20er-Jahren ungeniert zu den Waffen gerufen. Er wollte die Reformation mit allen Mitteln, auch mit militärischen ausbreiten. Zwingli riet zum Krieg und starb im Krieg. 1531 fiel er in der Schlacht bei Kappel am Albis-Pass. Luther und Melanchthon dagegen lehnten noch im März 1530, im Vorfeld des Augsburger Reichstags, ein Widerstandsrecht der Fürsten gegen den Kaiser ab: Nur passiver Widerstand sei erlaubt, der Einzelne sei zum Bekenntnis und zum Leiden gefordert. Das göttliche Recht gebiete Gehorsam. Niemand, der nach dem Evangelium leben wolle, dürfe Richter in eigener Sache sein. Widerstand gegen den Kaiser führe zu Anarchie.

Doch bereits im Oktober 1530 ließen sich die Theologen von
den Juristen überzeugen und widerriefen ihre frühere Lehre ausdrücklich. Widerstand galt plötzlich als berechtigt, und die Auf-
rüstung wurde angesichts der Lage gutgeheißen. Die Gründung
des Schmalkaldischen Bundes hat Melanchthon ausdrücklich be-
jaht. Ende der 30er-Jahre wurde nicht mehr nur vom Recht, sondern sogar von der Pflicht zum Widerstand geredet. Zahlreiche
Gutachten in den 30er- und 40er-Jahren behandelten das Thema,
meist wurden sie von mehreren Wittenberger Theologen gemeinsam unterzeichnet.

Zur Begründung des Widerstandsrechts wurden folgende Argumente genannt: 1. Die Obrigkeit müsse ihre Untertanen schützen, egal ob Türken oder Raubritter oder der Kaiser angreife. Das
sei ein Gebot der Liebe. 2. Der Kaiser sei eine gewählte, an einen
Auftrag gebundene Obrigkeit. Wenn er die Reichsfürsten wegen
der Religionsfrage angreife, handle er nicht als Obrigkeit, sondern
als Privatperson und missbrauche sein Amt.

Die Reformation war keine gewaltfreie, keine nur auf die Kraft
der Worte und der Argumente vertrauende Bewegung. Sie scheute
nicht davor zurück, Bücher zu verbrennen und Menschen zu töten. Gegen seinen Hauptgegner, den Papst, hatte Luther schon 1520
zur Gewalt gerufen: „Hängen wir mit Recht die Diebe und köpfen
wir die Räuber, warum sollen wir frei lassen den römischen Geiz,
der der größte Dieb und Räuber ist?"

So hat Melanchthon nicht gesprochen. Aber im März 1539 hatte
er in Frankfurt am Main, beim Bundestag der Schmalkaldener,
einen Traum, der ihm sehr zu denken gab. Er sah ein wertvolles
Gemälde mit der Darstellung des Gekreuzigten. Um Christus waren Seelen in weißen Kleidern gruppiert. Die Kurfürsten traten in
offizieller Amtstracht und in weißen Kleidern heran. Außerdem gab
es auf dem Bild einen Esel, der wie ein Priester bei der Messfeier
mit einem Leinenumhang und einer Chorkappe bekleidet war. Er
bewegte sich auf das Heilsgeschehen zu und zog an einem Strick
Kaiser und Papst hinter sich her. Melanchthon und sein Gefährte
Friedrich Myconius berichteten von dem verheißungsvollen Nacht-
gesicht nach Wittenberg. Luther war begeistert und wünschte sich
sehr, dass dieser Traum in Erfüllung gehe. Doch ganz so einfach
waren weder Kaiser noch Papst an die Leine zu legen.

# Ein evangelischer Papst?

Die Auseinandersetzung mit dem Amt und der Person des Papstes war ein Zentralthema der Reformation, beginnend mit der Leipziger Disputation 1519. Luther kam im Laufe der Zeit zu der Auffassung, der Papst sei der Antichrist, also die in der Bibel (Mk 13,22) angekündigte böse Gestalt der Endzeit, welche die Kirche von Innen zu zerstören trachte. Doch damit war die Auseinandersetzung mit Rom noch nicht erledigt.

Im Sommer 1536 kündigte Papst Paul III. für den Mai 1537 ein Konzil an und benannte Mantua als Tagungsort. Johann Friedrich der Großmütige erteilte Luther den Auftrag darzulegen, worin man unter den Evangelischen einig sei, wovon man keinesfalls abgehen wolle und worüber man diskutieren könne. Luther schrieb eine längere Abhandlung, die er als sein theologisches Testament betrachtete, da er während der Niederschrift krank wurde und mit seinem baldigen Abscheiden rechnete. Er ließ sie im Februar 1537 dem Bundestag in Schmalkalden vorlegen. Wegen seiner anhaltenden Schwäche konnte er sich selbst nicht auf den Weg machen.

Luther behandelte auch das Thema Papsttum und erklärte, dass nicht der Papst, sondern allein Jesus Christus „das Haupt der ganzen Christenheit" sei. Der Papst sei lediglich „Bischof oder Pfarrherr der Kirche zu Rom". Der Teufel habe das Papsttum eingerichtet, der Papst sei der Antichrist, er sei schlimmer als die Türken. Die Christenheit sei lange ohne einen Papst ausgekommen und brauche ihn auch heute nicht. Besser sei es zu sterben als einem Papst gehorsam sein.

Die Artikel Luthers wurden von 43 Personen unterschrieben. Auch Melanchthon unterzeichnete, formuliert allerdings folgenden Vorbehalt. „Ich, Philippus Melanthon, halte diese … Artikel auch für recht und christlich. Vom Papst aber halt ich, so er das Evangelium wollte zulassen, daß ihm, um Frieden und gemeiner Einigkeit willen derjenigen Christen, so auch unter ihm sind und künftig sein möchten, seine Superiorität über die Bischöfe, die er

hat iure humano (nach menschlichem Recht), auch von uns zu-
zulassen und zu geben sei." Melanchthon konnte sich damals also
ein evangelisches Papsttum vorstellen. Freilich war der Gedanke
unrealistisch. Von Luther wurde – soweit bekannt ist – Melanchthons Anmerkung stillschweigend hingenommen, empört war
aber der Kurfürst.

Melanchthon wollte das Zugeständnis um des Friedens und der
Einheit willen machen. Frieden und Einheit waren für ihn nicht
Selbstzweck, sondern sollten der evangelischen Verkündigung dienen. Der Friede war die Voraussetzung für die ungehinderte Evan-
geliumsverkündigung. Unklar ist, ob Melanchthon den Supremat
– die päpstliche Oberhoheit über die Bischöfe – nur im Bereich
der Altgläubigen oder auch im Bereich der reformatorischen Kirchen, wo es bereits keine Bischöfe mehr gab, gelten lassen wollte.

Luthers Text wurde auf dem Bundestag in Schmalkalden nicht
förmlich verabschiedet, sondern es wurde die CA bekräftigt. Die
Artikel waren also kein Bekenntnis des Bundes. Sie wurden dennoch später in die Sammlung der evangelischen Bekenntnisschriften unter dem irreführenden Namen „Schmalkaldische Artikel"
aufgenommen.

Melanchthons Vorbehalt gegen Luthers Bekenntnis war allerdings nicht das Einzige, was er in diesem Jahr zum Thema Papsttum zu sagen hatte. Er legte den Schmalkaldenern gleichzeitig
eine „Abhandlung über die Macht und den Primat des Papstes"
(Tractatus de potestate et primatu papae) vor, der offiziell verabschiedet und als ein die CA ergänzendes Bekenntnis angenommen
wurde. Auch er gehört heute noch zu den Bekenntnisschriften der
lutherischen Kirchen.

Der Traktat hat zwei Teile, der erste handelt über den Papst,
der zweite von den Bischöfen. Drei Positionen des Papstes wurden
als falsch, gottlos und tyrannisch abgelehnt: 1. der Papst sei der
Oberste aller Bischöfe und Pfarrer, 2. der Papst habe auch weltliche Gewalt, 3. dies zu glauben sei nötig zur Seligkeit. Melanchthon
hat den Text überraschend scharf formuliert. Er bezeichnete einen
Papst, der diese Positionen vertritt, wie Luther als Antichrist.

Zu den Bischöfen sagte Melanchthon, der Unterschied zwischen ihnen und Pfarrern entspringe lediglich einer menschlichen
Ordnung. Wenn Bischöfe versagten und keine rechten Prediger
ordinierten, habe jede Kirche und Gemeinde das Recht, selbst zu

ordinieren. Und die Jurisdiktion der Bischöfe gehöre teilweise in die Kompetenz der Pfarrer, teilweise in die Kompetenz der weltlichen Obrigkeit.

Melanchthon stand zu seinen Überzeugungen und wagte es, auch Luther zu widersprechen. Gleichwohl war die Bereitschaft zum Gespräch und zum Kompromiss sein vornehmster Wesenszug. Wenige Jahre nach dem Bundestag von Schmalkalden wurde erneut seine Dialogfähigkeit gefordert.

# Religionsgespräche

In den 40er-Jahren kam es zwischen den Anhängern des alten und des neuen Glaubens zu Religionsgesprächen und damit zu einem ernsthaften Versuch einer friedlichen Einigung. Im Hintergrund stand eine Initiative des Kaisers. Treibende Kraft war der Reichskanzler Nicolas Perrenot de Granvelle, kurz Granvella. Der Weg war noch unbegangen, und er entsprach humanistischer Gesinnung. Es war der erste wirklich ernsthafte und zugleich der letzte Versuch, die Einheit der Kirche in Deutschland zu erhalten bzw. wiederherzustellen.

Kurfürst Joachim II. von Brandenburg, Erzherzog Ferdinand von Österreich, Kaiser Karl V. und Papst Paul III. verständigten sich darauf, diesen friedlichen Einigungsversuch zu unternehmen. Ein erster Schritt war, dass im April 1539 auf dem Bundestag der Schmalkaldener in Frankfurt am Main, an dem Bevollmächtigte des Kaisers teilnahmen, der „Frankfurter Anstand" unterzeichnet wurde, der den Protestanten einen befristeten Religionsfrieden gewährte. Damit war der Weg zu Gesprächen geebnet. Für den 1. August 1539 war das erste angesetzt, doch es sollte sich verzögern.

Melanchthon war widerwillig, aber pflichtbewusst bereit, sich auf die Gespräche einzulassen. Sehr dafür, diesen Versuch zu unternehmen, war dagegen Martin Bucer. Sein Anliegen war es, Zugeständnisse machen, um die Reformwilligen unter den Altgläubigen zu gewinnen. Er hatte die Hoffnung, das Wort Gottes würde anschließend weiter verändernd wirken und das Seine tun.

Das Auftaktgespräch fand erst im Juni 1540 in Hagenau im Elsass statt. Auf dem Weg zu diesem wurde Melanchthon krank und konnte seine Reise nicht fortsetzen. Bucer kam verspätet an. In Hagenau scheiterten die Verhandlungen schon bei der Frage, worüber überhaupt diskutiert werden und welche theologischen Maßstäbe gelten sollten.

Zum zweiten Gespräch versammelten sich die Theologen im

Winter 1540/41 in Worms. Eigentlich war es für Speyer vorgesehen, doch dort wütete eine Seuche, und so verlegte man die Sache
nach Worms. Melanchthon war anwesend. Zunächst unterhielten
sich die Kontrahenten lange über Verfahrensfragen. Im Januar 1541
ging es dann zur Sache. Eck und Melanchthon disputierten drei
Tage lang auf der Grundlage der Confessio Augustana, die Melanchthon für dieses Gespräch bearbeitet hatte (Confessio Augustana
variata), über die Erbsünde. Dann wurde das Kolloquium wegen
Uneinigkeit unter den Altgläubigen bereits abgebrochen und auf
den nächsten Reichstag vertagt, der in Regensburg stattfinden
sollte.

Doch in Worms gab es neben dieser offiziellen Verhandlungs-
ebene eine zweite, inoffizielle. In Geheimverhandlungen, über
die nur Philipp von Hessen informiert war, wurde auf Veranlassung Granvellas zwischen Bucer und Capito aus Straßburg, dem
Reformtheologen Johannes Gropper aus Köln und dem Sekre-
tär Granvellas Gerard Veltwijck ein umfangreiches Dokument
„Wormser Buch" genannt, ausgearbeitet. Es behandelte in 23
Artikeln die Themen Rechtfertigung, Kirche, Sakramente, Zeremonien, Kirchenzucht und formulierte Kompromisse auf der
Grundlage der Bibel und der kirchlichen Tradition. Beide Seiten
machten Zugeständnisse, teilweise konnte aber auch nur der Dis-
sens festgehalten werden. Der Text, eine Vorstufe zu einem mög-
lichen Unionsbekenntnis, sollte in Regensburg als Vorschlag des
Kaisers zur Verhandlungsgrundlage gemacht werden.

Melanchthon, der an den Geheimverhandlungen nicht beteiligt
war, bekam das Manuskript durch den Brandenburger Kurfürsten
zur Einsicht. Ablehnend bezeichnete er den Vorschlag als Utopie
und als „Hyäne". In einem Traum hatte er nämlich ein grässliches
Monstrum erblickt, eine Hyäne mit dem Gesicht einer Jungfrau
und Flammenaugen. Diese Gestalt deutete er auf das Wormser
Buch. Auch Luther legte ein Veto ein und erklärte, der Teufel sei
Urheber dieses Textes. Doch damit war er nicht vom Tisch.

Im April 1541 begann das dritte Religionsgespräch, wie geplant
in Regensburg. Der Kaiser war persönlich anwesend und nahm
großen Einfluss auf die Gestaltung. Beteiligt waren wieder unter
anderen Eck, Gropper, Melanchthon und Bucer, ferner Julius
Pflug, der Bischof von Naumburg, ein Reformer, und Simon Pis-
torius, ein wichtiger hessischer Theologe. Melanchthon war nur

widerwillig bereit mitzumachen. Die Sache verfolgte ihn im Schlaf und bereitete ihm Alpträume.

Verhandlungsgrundlage in Regensburg war das Wormser Buch. Unproblematisch verlief die Erörterung der Anthropologie und der Sündenlehre. In der Rechtfertigungslehre erarbeiteten Eck und Melanchthon einen neuen Kompromissvorschlag. Er wurde aber von der römischen Kurie abgelehnt. Luther dagegen hatte ihn trotz gewisser Vorbehalte für akzeptabel erklärt, verlangte aber, die Altgläubigen müssten ihre frühere Lehre ausdrücklich verurteilen. Ergebnislos verliefen in Regensburg die Erörterungen über die Irrtumslosigkeit der Konzile und über die Sakramente, insbesondere über das Abendmahl (Transsubstantiationslehre) und die Beichte (Aufzählung aller Sünden). Im Juni unterbreitete der Kaiser das veränderte Wormser Buch, das nun „Regensburger Buch" genannt wurde, den Ständen. Im Juli lehnten zuerst die katholischen, dann die protestantischen ab. Das Unternehmen war nun also doch, trotz monatelanger harter Anstrengungen, gescheitert. Melanchthon fuhr Anfang August 1541 nach Hause. Bucer war schwer enttäuscht und resigniert. Aber er hatte in den Gesprächen erkannt, dass die „Gegner" ernstzunehmende Mitchristen seien.

Positiver sahen für die Protestanten die allgemeinen Ergebnisse der Regensburger Reichsversammlung aus. Für den Fall, dass ein Generalkonzil unter römischer Beteiligung nicht zustande kommen sollte, wurde ein Konzil auf nationaler Ebene ins Auge gefasst. Der vorläufige Religionsfriede wurde verlängert. Den Protestanten wurde die „christliche Reformation" landsässiger Kirchen und Klöster zugestanden.

Weitere, aber unbedeutende Religionsgespräche folgten 1544 in Speyer, 1545 in Worms und 1546 wieder in Regensburg. Doch der Kaiser betrieb die Sache nicht mehr entschlossen weiter, weil er wieder an eine militärische Lösung der Religionsfrage dachte.

Wirklich bedenkenswert war der Regensburger Kompromiss zur Rechtfertigungslehre. Das Wormser Buch hatte die Lehre von der doppelten Rechtfertigung aufgestellt: Die Rechtfertigung geschehe erstens ohne Werke, aufgrund der Verdienste Christi, durch den Glauben, und zweitens zugleich durch Werke, die mit Gottes Hilfe aus dem Glauben und der Liebe entstünden. Der erste Aspekt der Rechtfertigung werde Wiedergeburt, der zweite Heiligung genannt. Die Heiligung sei aber immer unvollkommen, weswegen der Mensch sein Vertrauen ganz auf die Verdienste Christi stellen müsse. Mit dieser Lehre war weder Melanchthon noch Eck einverstanden. Die Regensburger Kompromissformel hingegen klang weitgehend evangelisch, sogar das „sola fide" kam vor. Die Formel betonte das Wirken des Heiligen Geistes im Rechtfertigungsgeschehen. Das katholische Anliegen, die tatsächliche Veränderung des Menschen und nach außen hin sichtbare Werke der Liebe, wurde gewahrt, indem man sagte, durch den Heiligen Geist werde gleichzeitig mit dem Glauben die Liebe eingegossen, die den verdorbenen Willen des Menschen heile und so bewirke, dass er das Gesetz erfülle. Heilsgewissheit erlange der Glaubende aber nicht dadurch, dass er auf sich und die ihm einwohnende Gerechtigkeit blicke, sondern indem er auf die geschenkte Gerechtigkeit Christi schaue. Damit wurde das evangelische Anliegen der Heilsgewissheit und das den Evangelischen ebenfalls wichtige „extra nos" (das Heil kommt von außen, von Christus) gewahrt. Gute Werke würden belohnt. Wer viele gute Werke tue, werde seliger als der, der nur wenige vorweisen könne.

Der Regensburger Rechtfertigungskompromiss wurde 450 Jahre nach seinem Scheitern wieder aktuell. Gerade im Melanchthonjahr 1997, als des 500. Geburtstags des Reformators gedacht wurde, lag als Frucht jahrelanger Beratungen der Entwurf einer Konsenserklärung zur Rechtfertigungslehre vor, der von lutherischen und römischen Theologen erarbeitet worden war. Verhandlungspartner waren der Lutherische Weltbund und der Vatikanische Einheitsrat gewesen. Die Erklärung erhob den Anspruch, dass Lutheraner und Katholiken nunmehr imstande seien, „ein gemeinsames Verständnis des Glaubensinhaltes der Rechtfertigungslehre zu vertreten und zu artikulieren". Das Papier ging von den biblischen Aussagen zur Rechtfertigung aus und formulierte unter Berufung auf zahlreiche Bibelstellen: „Rechtfertigung meint Sündenvergebung, Befreiung von der herrschenden Macht der Sünde und des Todes, auch vom Joch des Gesetzes und Aufnahme in die Gemeinschaft mit Gott, schon jetzt, vollkommen aber in Gottes künftigem Reich. ... All das kommt allein von Gott um Christi willen aus Gnade durch Glauben. Die Gerechtfertigten leben aus dem Glauben, der in der Liebe wirksam ist, und bringen Früchte des Geistes." Ferner wurde bekannt: „Allein aus Gnade und im Glauben an die Heilstat Christi, nicht auf Grund unseres

Verdienstes, werden wir von Gott angenommen und empfangen den Heiligen Geist, der unsere Herzen erneuert und uns befähigt und aufruft zu guten Werken."

Doch anschließend schien sich die Geschichte zu wiederholen. Wie Melanchthon 1541 mit seiner Kompromissformel stieß nun das moderne Konsenspapier auf heftigen Widerstand, besonders bei vielen evangelischen Theologieprofessoren Deutschlands. Dennoch haben die Präsidenten der beiden verantwortlichen Kommissionen den nachträglich mit einer „Gemeinsamen offiziellen Feststellung" ummantelten Text im Jahre 1999 unterschrieben. Bezeichnenderweise wählten die Kirchen als Datum den 31. Oktober und als Ort Augsburg.

Die alte Reichs- und Bischofsstadt Augsburg war in der Reformationszeit mehrfach Schauplatz großer Ereignisse. Beide Religionsparteien fühlten sich hier gleichermaßen wohl. Die Bevölkerung war teils katholisch, teils evangelisch. Die Bischöfe jedoch waren nicht versucht, die Seite zu wechseln und sich der Reformation anzuschließen. Nur ganz selten sympathisierten Bischöfe mit der Reformation. Die Bischöfe von Köln und Osnabrück gehörten zu diesen Ausnahmen.

# Reformation in Köln und in Osnabrück

Der in Hagenau, Worms und Regensburg gefestigte Kontakt Melanchthons und Bucers zu Gropper zeitigte 1542 andernorts Wirkungen. Kein Geringerer als der Erzbischof von Köln, Hermann von Wied, als Kurfürst einer der mächtigsten Männer des Reiches, sympathisierte als erster Bischof im Reich überhaupt offen mit der Reformation.

Hermann von Wied war ursprünglich ein entschiedener Gegner Luthers. 1529 ließ er zwei Protestanten hinrichten, darunter Adolf Klarenbach, der in Wesel als Lateinlehrer gewirkt hatte. Doch der Kurfürst machte auch böse Erfahrungen mit der römischen Kurie. Innere Kämpfe, Bibellektüre und die Beschäftigung mit dem Augsburger Bekenntnis führten allmählich eine Wende herbei. Außerdem hatte Hermann einen evangelisch gesinnten Ratgeber: Peter Medmann. Der hatte in Wittenberg studiert und war Schüler Melanchthons. Entscheidend für Hermanns Hinwendung zur Reformation war aber der Regensburger Reichstag 1541 mit seiner Forderung eines Konzils und kirchlicher Reformen.

Bucer hatte der Erzbischof in Hagenau persönlich kennen gelernt, und im Februar 1542 lud er ihn in sein Jagdschloss Buschhoven im Kottenforst ein, um mit ihm und Gropper über Reformmaßnahmen zu beraten. Bucer war begeistert von dem Vorhaben des Kölners und bezog sofort Melanchthon mit ein.

Melanchthon weilte 1543 geraume Zeit in Bonn und sammelte erstmals seit langem intensive Eindrücke von der altgläubigen Frömmigkeitspraxis. „Der ganze Gottesdienst des Volkes besteht in der Anbetung von Standbildern!", schrieb er entsetzt nach Wittenberg. Gemeinsam mit Bucer verfasste er für Köln eine Kirchenordnung, die „Kölnische Reformation", bei der er die Abschnitte über Trinität, Schöpfung, Rechtfertigung, Kirche und Buße beisteuerte. Damit setzte sich Melanchthon wieder einmal zwischen alle Stühle, denn den Altgläubigen war diese Ordnung zu evangelisch, den Lutherischen aber zu katholisch. Bucer und

Melanchthon waren zu der Meinung gekommen, man solle in
Köln zunächst einmal das Schriftprinzip und evangelische Predigt
durchsetzen, aber ansonsten das herkömmliche Kirchenwesen
noch bestehen lassen.

Starker Widerstand gegen die Reformationspläne kam vom
Domkapitel, und auch Gropper wechselte die Seite, weil ihm die
Veränderungen zu weit gingen. Im Juli 1543 wurde in Köln das
Abendmahl evangelisch, unter beiderlei Gestalt, gefeiert. 1544
sagte sich der Erzbischof vom Papst los. Darauf drohte der Kaiser,
ihm die politische Herrschaft zu entziehen, und forderte ihn ulti-
mativ zur Abstellung der Neuerungen auf. Rom exkommunizierte
den Bischof 1546 und setzte ihn ab. Von Wied appellierte darauf an
ein Konzil und an den Reichstag. Doch kaiserliche Kommissare
kamen Ende 1546 in sein Fürstentum, riefen einen Landtag zusammen und entmachteten ihn. Die Präsenz kaiserlicher Truppen im
nahe gelegenen Herzogtum Geldern erzeugte dabei den nötigen
Druck. Im Januar 1547 zog sich Hermann von Wied auf seine Pri-
vatgüter zurück. 1552 starb er als Protestant auf seinem Stammsitz
in Wied im Engersgau.

Der von Gropper angestoßene, von Bucer umgesetzte und von
Melanchthon begleitete Versuch einer Reformation in Köln ist gescheitert. Stadt und Bistum blieben katholisch. Bucer versuchte im
Herbst 1547 mit einem Offenen Brief die Evangelischen in Bonn
zu trösten, indem er an biblischen Beispielen zeigte, dass Gottes
Macht gerade da groß würde, wo Menschen ihre Niedrigkeit er-
führen. Die Kölner Reformation fand allerdings auch im evangelischen Lager nur wenig Unterstützung. Luther kritisierte die
Theologie der Kirchenordnung; die von Bucer formulierte Abendmahlslehre missfiel ihm ganz besonders.

Weniger dramatisch als die Vorgänge in Köln, aber kirchen-
geschichtlich bedeutsamer hinsichtlich ihrer langfristigen Folgen
waren die parallelen Ereignisse im Fürstbistum Osnabrück. Hier
hatte die Reformation schon 1521 vorübergehend Fuß gefasst, als
ein Ordensbruder Luthers, Gerhard Hecker, evangelisch zu predigen begann. Weitere Reformatoren, die in der Stadt wirkten, waren
der eben erwähnte Adolf Klarenbach (1526), der in Köln für seinen
Glauben sein Leben opfern sollte, und Dietrich Buthmann (1532),
der in Bevergern im Bistum Münster ebenfalls zum Märtyrer der
Reformation geworden ist. Entscheidend wurde das Jahr 1543 und

das Wirken von Hermann Bonnus in der Stadt, der, gebürtig aus dem nahen Quakenbrück, zuvor in Lübeck erfolgreich für die Reformation gewirkt hatte und ein Schüler Melanchthons war. Eine lutherische Kirchenordnung wurde eingeführt, und bald wurde in der Stadt nur noch evangelisch gepredigt. Luther und Melanchthon waren begeistert und schrieben Bonnus ermutigende Briefe. Als Lübeck Bonnus zurückrief, beschwor ihn Luther, in Osnabrück zu bleiben und den reformationswilligen Bischof, Franz von Waldeck, nicht im Stich zu lassen. Eine Besonderheit von Bonnus war, dass er sich um die Entwicklung einer evangelischen Form der Heiligenverehrung bemühte und dazu auch publizistisch Vorschläge unterbreitete. Gerade in Osnabrück sollte in maßvoller Form das Heiligengedenken weiterpraktiziert werden. Die Klöster außerhalb der Stadt wurden nicht aufgelöst.

Alles schien bestens voranzukommen in der Stadt an der Hase, doch im Jahr 1545 geriet die Entwicklung ins Stocken. Mit Sorge beobachtete Franz von Waldeck die bedrohliche Entwicklung in Köln. Er sondierte in alle Richtungen und nahm sogar an einem Bundestag der Schmalkaldener teil. 1546 meldete sich in Osnabrück die altgläubige Opposition wieder laut zu Wort. Der Bischof wurde angeklagt, und es drohte ihm wie dem Kölner Erzbischof die Exkommunikation. Einer Aufforderung des Papstes, in Rom zu erscheinen, leistete er nicht Folge. Am 12. Mai 1548 aber widerrief Franz von Waldeck offiziell alle reformatorischen Veränderungen. Später stellten sich konfessionell-paritätische Verhältnisse ein.

Die Reformation des Fürstbistums Osnabrück wurde nicht zu Ende geführt, konnte aber auch nicht mehr zurückgedrängt werden. Das Fürstbistum war und blieb konfessionell paritätisch, es gab in Stadt und Land evangelische und katholische Christen. Ja sogar im Osnabrücker Domkapitel, das den Bischof zu wählen hatte, saßen später bekennende Lutheraner. In der Folge wurden mehrfach evangelische Adlige zu Bischöfen gewählt. 1648, im Westfälischen Frieden, wurde der konfessionelle Wechsel in der Regentschaft des Fürstbistums durch die Einführung einer alternierenden Sukzession zum Prinzip erhoben. Bis 1802 wechselten sich Lutheraner und Katholiken ab, wobei der Lutheraner immer aus dem Hause Braunschweig-Lüneburg kam. Osnabrück wurde dadurch zu einem wichtigen Mosaikstein frühneuzeitlicher Toleranzgeschichte.

# Verlockende Angebote

Melanchthon war begehrt, als Gesprächs- und Verhandlungspartner ebenso wie als Ratgeber, und natürlich nicht zuletzt als Lehrer und Professor. Dass er über vierzig Jahre lang in Wittenberg blieb, war nicht selbstverständlich. Luther war zum Bleiben verdammt, weil ihn jeder Ortswechsel gefährdet hätte, doch Melanchthon bekam zahlreiche Angebote aus dem In- und Ausland und nicht nur von Evangelischen, sondern auch von Katholiken. Es gab sogar mehrere Versuche, ihn zur katholischen Kirche zurückzuholen. Von 1524–1552 nahmen gleich mehrfach hochrangige Vertreter des alten Glaubens mit Melanchthon freundlich Kontakt auf und bemühten sich, ihn zu einer Abkehr von der Reformation zu bewegen. Sie schmeichelten ihm, versprachen ihm Geld und Pensionen oder eine ruhige, abgeschiedene Herberge für seine wissenschaftlichen Studien. Gerüchte, die schon in der Reformationszeit gestreut wurden, sagten sogar, ihm sei der Posten eines Kardinals angeboten worden.

Als Quellen für diese Vorkommnisse sind Briefe Melanchthons und anderer Persönlichkeiten der Reformationszeit relevant sowie die erst seit hundert Jahren bekannten Berichte der römischen Nuntien (Botschafter) in Deutschland. Bei Letzteren ist aber zu bedenken, dass es auch Fälschungen und Verfälschungen gab, weil Auftragsempfänger aus selbstsüchtigen Gründen ein Interesse daran hatten, ihre Bemühungen als Erfolg versprechend herauszustellen, ganz wie Geheimdienstmitarbeiter heutzutage.

Zunächst ist festzuhalten, dass Melanchthon alle diese Angebote abgewehrt hat. Er hat sie manchmal allerdings in einem höflichen Ton zurückgewiesen. Als Humanist ging er mit humanistischen Gelehrten auf der altgläubigen Seite achtungsvoll um. Aber daraus zu schließen, dass er sich zeitweise ernsthaft überlegt hätte, die freundlichen, antireformatorischen Angebote anzunehmen, wäre verfehlt. Unter Melanchthons Schülern gab es allerdings mehrere, die zum Katholizismus zurückgekehrt sind, so Veit Amerbach und Friedrich Staphylus.

Die Vorstöße zeigen, welche Wertschätzung der Reformator Melanchthon im katholischen Lager genoss. Sie verdeutlichen auch, dass seine Positionen und die Art seines Auftretens die Chance des Kompromisses in sich getragen haben. Ferner offenbaren sie, dass es reformerisch gesinnte, kompromissbereite Kräfte innerhalb des altgläubigen Lagers gab, die sich von einem Parteiwechsel Melanchthons nicht nur die Verhinderung einer revolutionären Reformation, sondern gleichzeitig die Unterstützung einer innerkirchlichen Reform erhofften. Es waren reformwillige Humanisten unter den Altgläubigen, die im Humanisten Melanchthon einen Bündnispartner suchten. Der spektakulärste Anwerbeversuch geschah bereits wenige Jahre nachdem Melanchthon die Seite gewechselt hatte.

Als Melanchthon im Jahre 1524 seine Heimatstadt Bretten zum ersten Mal seit seinem Umzug nach Wittenberg besuchte, erhielt er unangemeldet und unerwartet Besuch von Friedrich Nausea, dem Privatsekretär des päpstlichen Legaten Kardinal Lorenzo Campeggio. Der kirchenpolitische Hintergrund dieses Besuches war, dass 1523 mit Clemens VII. ein neuer Papst an die Macht gekommen war, der zunächst den Willen hatte, nach Mitteln zur Überwindung des Kirchenstreits zu suchen, und dem Legaten Hieronymus Aleander den Auftrag gegeben hatte, ein Gutachten zur kirchlichen Lage in Deutschland auszuarbeiten. Aleander äußerte in diesem Zusammenhang mehrfach den Gedanken, durch persönliche Bemühungen und durch konkrete Angebote könnte man Anhänger der Reformation für die alte Kirche zurückgewinnen. Nauseas Besuch bei Melanchthon stand in diesem Kontext und war ein erster Versuch, die Idee Aleanders in die Tat umzusetzen. Nausea und Melanchthon sprachen in Bretten, also auf – noch – katholischem Boden, zunächst allgemein über die kirchliche Lage. Der Besucher verfolgte die Absicht, Melanchthons Ansichten und seine Geneigtheit, sich von Luther zu lösen, auszuforschen. Nausea machte dann Andeutungen, er könne Melanchthon günstige Versprechungen bieten, wenn er Luther verließe.

Melanchthon erklärte seinem Gesprächspartner, er kämpfe für das, was er als wahr erkannt habe, um der Wahrheit selbst willen, nicht aus Rücksicht auf Menschen, nicht um eines Vorteils oder

um der Karriere willen. Niemals werde er sich von den Verkündern
der evangelischen Lehre trennen. Aber nach wie vor werde er sich
auch bemühen, diese evangelische Lehre ohne Herabsetzung der
Gegner und ohne Lust am Streit vorzutragen. Er ermahnte seinen
Gesprächspartner, bei der Heilung der Wunden, die in der Kirche
aufgebrochen waren, mitzuwirken und nicht weitere Wunden auf-
zureißen. Einige Tage später legte Melanchthon dem Auftraggeber
Nauseas, dem Legaten Campeggio, eine schriftliche Erklärung
über Luthers Lehre und die Ziele der Reformatorischen vor, die
seine inhaltlichen Positionen verdeutlichte. Campeggio versuchte
anschließend noch, über Erasmus auf Melanchthon einzuwirken,
doch der Humanistenfürst ließ sich dafür nicht gewinnen. Damit
war der erste Versuch, Melanchthon in den Schoß der Papstkirche
zurückzuholen, vergebens. Auch bei späteren Bemühungen verlief
die Sache nicht wesentlich anders.

Nausea blieb das Gespräch mit Melanchthon trotz des Miss-
erfolgs in guter Erinnerung. Er dachte grundsätzlich positiv über
ihn. In einem Brief des Jahres 1540 äußerte er mit Blick auf die
lange zurückliegende Begegnung, er habe Melanchthon damals
wegen seiner ungewöhnlichen Gelehrsamkeit hoch geschätzt, ge-
liebt und verehrt.

In den Jahren 1532–1537 versuchten humanistisch gesinnte pol-
nische Kleriker, darunter Bischof Andreas Cricius, Bischof von
Płock, später von Gnesen, Melanchthon nach Polen zu locken.
1537 warb Kardinal Jacopo Sadoleto aus Rom um Melanchthon.
Weitere Bemühungen um Melanchthon gingen, beginnend mit
dem Jahr 1530, von römischen Nuntien aus, und zuletzt machte
sich Pietro Bertano, Bischof von Fano, im Umfeld des Trienter
Konzils Hoffnungen auf den Wittenberger Humanisten. Der König von Frankreich, Franz I., lud Melanchthon 1535 zur Schlichtung der Religionsstreitigkeiten nach Paris ein. Dieses Angebot
wollte jedoch dem sächsischen Kurfürsten nicht gefallen, und er
untersagte Melanchthon eine Frankreichreise.

Melanchthon bekam auch weniger verfängliche Angebote aus
England und aus Dänemark, er hätte nach Heidelberg, Tübingen,
Nürnberg, Frankfurt/Oder und nach Jena gehen können. Ein Angebot, nach Zürich zu wechseln, lehnte er 1544 ab. Melanchthon
blieb dem Luthertum und Wittenberg treu und wurde auch nicht
zum Calvinisten.

# Melanchthon und Calvin

Melanchthon war ein Reformator der ersten Generation, Calvin gehörte der zweiten an. Melanchthon hat die gesamte Reformationsgeschichte miterlebt und mitgestaltet, Calvin nur die zweite Hälfte. Er war von Luther und Melanchthon beeinflusst, als er 1532/33 zum Reformator wurde, und Melanchthon nahm ihn erstmals 1536 wahr, als er sein erstes reformatorisches Buch veröffentlichte.

Johannes Calvin (eigentlich: Jean Cauvin) wurde 1509 in Nordfrankreich geboren. Er absolvierte ein Jurastudium und empfing humanistische Einflüsse. Wegen seines evangelischen Glaubens musste er aus Frankreich fliehen. 1536 veröffentlicht er im Exil in Basel die „Christianae religionis Institutio" (Unterricht in der christlichen Religion), kurz Institutio genannt, ein von Melanchthons Loci beeinflusstes Lehrbuch, das ähnlich wie die Loci auch Aspekte eines Erbauungsbuchs hatte und zur praktischen Frömmigkeit anleiten wollte.

1536–1538 wirkte Calvin in Genf und dann in Straßburg, bis er von 1541 an, bis zu seinem Tod im Jahre 1564, vier Jahre nach Melanchthon, endgültig in Genf seine Heimat und seine Lebensaufgabe fand.

Calvin kannte weder Luther noch Zwingli persönlich. Aber Melanchthon und Calvin sind sich mehrfach begegnet und fanden zu einem vertrauten, beinahe freundschaftlichen Verhältnis. Ende Februar, Anfang März 1539 traf sich Calvin in Frankfurt am Main erstmals mit Melanchthon. Sie besprachen die kirchliche Lage, die Abendmahlskonkordie und die Kirchenzucht. 1540/41 nahm Calvin an den Religionsgesprächen in Worms und Regensburg teil, traf dort erneut auf Melanchthon und unterzeichnet die Confessio Augustana in der neuen, bearbeiteten Fassung.

Über Jahre hinweg verband Melanchthon und Calvin ein reger und interessanter Briefwechsel über theologische und allgemein kirchliche Fragen. Leider haben sich aber nicht alle Briefe der bei-

den erhalten. Erstmals wandte sich Calvin im Jahre 1538 von Straßburg aus an Melanchthon und bat ihn in einer die Verwendung
der Kirchengüter betreffenden Frage um Rat.

1540 schrieb Melanchthon an Calvin nach Straßburg, bekannte
ihm seine Zuneigung und drückte die Hoffnung aus, Calvin in
Schmalkalden zu treffen. 1543 widmete Calvin Melanchthon seine
„Verteidigung der vernünftigen und orthodoxen Lehre von der
Knechtschaft und der Befreiung des menschlichen Willens" (De-
fensio sanae et orthodoxae doctrinae de servitute et liberatione
humani arbitrii). In einem Brief desselben Jahres berichtete Calvin
ihm von Schwierigkeiten in Genf und bekundete seine Sehnsucht
nach einem intensiven geistigen Austausch mit Melanchthon. Dieser antwortete Calvin und mahnte ihn, sich auf die Verkündigung
der wichtigen evangelischen Lehrstücke zu konzentrieren. Dies sei
besser, als sich der Thematik der Prädestination zu widmen. Er
halte das Problem der Providenz und der Kontingenz für unlös-
bar, sei sich aber sicher, dass Gott nicht der Urheber der Sünde sei,
sondern der freie Wille des Menschen. Und später noch einmal in
diesem Jahr 1543 teilte Melanchthon dem Genfer dezidiert mit, er
stimme seiner Erbsünden- und Willenslehre zu, nicht aber seiner
Prädestinationslehre.

Die Deutung von Calvins Prädestinationslehre und die Beurteilung ihres Stellenwerts für seine Theologie ist bis in die Gegenwart
umstritten. Die neuere Calvinforschung rechnet die Prädestinationslehre nicht zu seinen Zentrallehren, denn er habe sie nie zu
einem theologischen System ausgebaut. Das habe erst sein Schüler
Theodor Beza getan. Calvin habe schlicht biblische Gedanken wie-
dergegeben, jedem Mitwirken des Menschen am Heil wehren, die
Freiheit Gottes wahren und die Heilsgewissheit der Glaubenden
stärken wollen. Zu Recht wird darauf hingewiesen, dass Calvin in
Genf für Flüchtlinge aus Frankreich predigte und schrieb, sie trösten und stärken wollte. Ihnen rief er zu: „Gott hat euch erwählt,
vor Anfang der Welt, ohne euer Zutun!" Melanchthon jedoch
hatte den Eindruck, es durchaus mit einer Zentrallehre Calvins zu
tun zu haben. Das bezeugen seine Briefe.

Eine weitere Thematik, die im Briefwechsel zwischen Calvin
und Melanchthon eine Rolle spielte, war das Verhältnis zu Luther,
was theologisch-inhaltlich mit dem innerevangelischen Streit um
das Verständnis des Abendmahls verknüpft war. 1544 forderte Cal-

vin Melanchthon dazu auf, Luther bei seinen dauernden Angriffen auf die Züricher zu zügeln. Im Jahr darauf benutzte Calvin Melanchthon als Vermittler zu Luther, indem er ihm einen Brief an Luther beilegte, aber zugleich bat, Melanchthon möge entscheiden, ob er ihn weiterreichen wolle. Calvin berichtete Melanchthon, er habe die Züricher besänftigt. Auf die Übereinstimmung mit Melanchthon lege er großen Wert. Über Luthers Jähzorn äußerte er sich kritisch. Melanchthon hat den mitgeschickten Brief nicht an Luther weitergegeben, weil er fürchtete, Luther hätte dann statt gegen die „Feinde Christi", worunter die Altgläubigen zu verstehen waren, wieder etwas über die Sakramente geschrieben. Doch Calvin kam immer wieder auf Luther und das Abendmahl zurück. 1545 fordert er Melanchthon auf, seine eigene, von Luther abweichende Abendmahlslehre öffentlich zu vertreten. Ihn schmerze die Heftigkeit Luthers gegen die Züricher, die eine Gefahr für die Kirche darstelle. Wenige Monate später war Luther tot, doch der Streit um das Abendmahl ging weiter und spielte auch fernerhin eine wichtige Rolle im Briefwechsel der beiden Reformatoren. 1555 forderte Calvin, Melanchthon möge endlich gegen den „Brotkult" der Lutheraner vorgehen.

In einem Brief vom Juni 1550 übte Calvin offen Kritik an Melanchthon. Er beschuldigte ihn, in den aktuellen kirchenpolitischen Auseinandersetzungen mit den Altgläubigen und dem Kaiser zu nachgiebig und zu ängstlich zu sein, erklärt aber auch, er habe für ihn Verständnis. Melanchthon regierte aufgebracht, zerriss den Brief und verzichtete auf eine Antwort.

Im Oktober 1552 kam es zu einem erneuten, besonders bewegenden Briefwechsel. Melanchthon wandte sich an Calvin und schilderte ihm die verzweifelte Lage in Deutschland, überall gebe es Kriegshandlungen. Melanchthon fühlte sich in großer Bedrängnis und rechnet mit seinem baldigen Tod. Er hielt es aber auch für möglich, dass er ins Exil müsse. Dann wolle er Calvin besuchen. Melanchthon betonte, er schätze Calvin und lege Wert auf den Gedankenaustausch, aber er könne nicht so oft schreiben, da es zu wenige sichere Boten gebe. Im November 1552 antwortete Calvin, er habe sich über den letzten Brief sehr gefreut und sehe die Freundschaft zwischen beiden bestätigt. Um der Kirche willen, so Calvin, seien sie zur Freundschaft verpflichtet. Erneut kam Calvin auf das Problem der Prädestination zu sprechen und berichtete, in

Genf habe er Gegner, die sich beim Streit um die Willensfreiheit und die Prädestination auf Melanchthon beriefen. Damit war unter anderen der Humanist und Arzt Hieronymus Bolsec gemeint, der verhaftet und ausgewiesen worden war. Calvin räumte ein, dass ihn die Willens- und Prädestinationslehre von Melanchthon trenne. Er hoffe darüber mit ihm ein persönliches Gespräch führen zu können. Zu einer erneuten Begegnung sollte es aber nicht mehr kommen.

Die Auseinandersetzungen in Genf hielten an, und im Jahre 1553 wurde dort unter Calvins Beteiligung der Humanist und Arzt Michael Servet lebendig verbrannt, weil er die traditionelle kirchliche Trinitätslehre in Frage gestellt hatte. Die Verurteilung erfolgte wegen Blasphemie. Melanchthon hat dieses schreckliche, an die mittelalterliche Inquisition erinnernde Vorgehen gegen den „Ketzer" in einem Brief des Jahres 1554 gutgeheißen. Dagegen protestiert hat ein anderer Humanist, Sebastian Castellio in Basel.

Melanchthon und Calvin standen sich persönlich und theologisch nahe. Vielleicht waren die Unterschiede zwischen den beiden sogar geringer als die zwischen Melanchthon und Luther. Es wundert nicht, dass nach Melanchthons Tod seine Schüler auf diesem Weg weitergingen. Melanchthon hat die Bahn dafür bereitet, dass nach und nach der Calvinismus in Deutschland Einzug hielt und aus dem bi- ein trikonfessionelles Land wurde.

Einigen von Melanchthons Schülern wurde diese Entwicklung jedoch zum Verhängnis. Es kam das Jahr 1574. Die sächsischen Melanchthonianer, zuvor freundlich Philippisten genannt, wurden plötzlich als „Kryptocalvinisten" – heimliche Calvinanhänger – verteufelt und verfolgt. Kaspar Peucer, Melanchthons Schwiegersohn, kam für zwölf Jahre ins Gefängnis. Wolfgang Crell, Heinrich Moller und andere verloren ihr akademisches Lehramt. Christoph Pezel wurde ausgewiesen. Scheiterhaufen brannten allerdings nicht in Wittenberg.

# Der beste Freund: Joachim Camerarius

Melanchthon hatte einen intimen Freund, was im Zeitalter Melanchthons nicht selbstverständlich war. Luther, Zwingli und Calvin pflegten keine mit Melanchthons Freundschaft vergleichbaren Beziehungen, obwohl die Wiederbelebung des antiken Freundschaftsideals zu den charakteristischen Eigenarten des Humanismus zählte. Doch Melanchthons Freundschaft mit Joachim Camerarius ging weit über eine normale Humanistenfreundschaft hinaus.

Camerarius stammte aus Bamberg und wurde im Jahre 1500 geboren. Er studierte in Leipzig und in Erfurt und kam 1521 als Student nach Wittenberg, wo er Melanchthon kennen lernte. 1522 erhielt er in Wittenberg eine Rhetorikprofessur. Mit Melanchthon reiste er 1524 nach Bretten und als Bote Luthers zu Erasmus nach Basel. 1526 übernahm er die Leitung der neu gegründeten Humanistenschule in Nürnberg. 1535 wurde er Professor in Tübingen. Von 1541 an lehrte er bis zu seinem Tod im Jahre 1574 in Leipzig und beschäftigte sich vorwiegend mit der griechischen und der lateinischen Literatur. Er zählte zu den bedeutendsten Philologen seiner Zeit. Die evangelische Lehre fasste er in griechischen Katechismen zusammen.

Camerarius und Melanchthon verband eine lange, enge und beständige Freundschaft. Zwischen den beiden herrschte eine weitgehende Übereinstimmung sowohl in religiösen als auch in politischen Überzeugungen. Trotz des geringen Altersunterschieds und des großen beruflichen Gefälles bestand zwischen ihnen eine echte Partnerschaft, voller fruchtbarer Spannungen.

Da die Freunde an unterschiedlichen Orten lebten und arbeiteten und sich nicht häufig besuchen konnten, entwickelte sich ein intensiver Briefwechsel. Über 900 Briefe Melanchthons an Camerarius sind noch erhalten. Sie bilden, vergleichbar den Briefen Ciceros an Atticus, die lauterste Quelle für Melanchthons Beurteilung der religiösen und politischen Vorgänge der Zeit, denn gegenüber Camerarius nahm er kein Blatt vor den Mund. So wissen wir aus diesen Briefen von der „Heirat wider Willen" und den darauf folgenden Eheproblemen des Refomators. Von den Gegenbriefen sind leider nur etwa fünfzig erhalten. Nachlässigkeit und Vorsicht Melanchthons dürften gleichermaßen der Grund dafür sein.

Nach Melanchthons Tod wahrte Camerarius die Erinnerung. 1566 schrieb er als Erster eine Biografie, und 1569 edierte er einen Teil der Briefe Melanchthons, allerdings in stark bearbeiteter Form, reich an dunklen Anspielungen und rätselhaften Umschreibungen der vorkommenden Personen. Auch Decknamen wurden benutzt.

Camerarius wollte vorsichtig sein und dem Andenken seines Freundes nicht schaden, denn in Melanchthons Briefen an Camerarius finden sich schonungslose Urteile über zeitgenössische Theologen und Politiker. Zum Beispiel bezeichnet er in einem kritischen Vergleich den Kurfürsten Johann als Aristokraten, seinen Nachfolger Johann Friedrich aber als Oligarchen. Auch über Karl V. äußerte sich Melanchthon mitunter sehr negativ.

Melanchthon hatte es bewirkt, dass Camerarius 1541 einen Ruf nach Leipzig erhielt, wo er die treibende Kraft der reformatorisch-humanistischen Reform der Universität wurde.

# Was geschieht beim Abendmahl?

Neben der Bibel und der Taufe ist die Feier des Abendmahls ein alle Christen aller Kirchentümer verbindendes religiöses Element. Statt vom Abendmahl wird auch vom Herrenmahl, vom Nachtmahl, von der Eucharistie, von der Messe oder vom Sakrament des Altars gesprochen. Im Grunde ist immer dasselbe gemeint: Der rituelle Genuss von Brot und Wein in Erinnerung an das letzte Mahl Jesu mit seinen Jüngern und als Vergegenwärtigung seines Tods „zur Vergebung der Sünden" (Mt 26,28). In der Reformationszeit wurde das Abendmahl ein wichtiges Streitthema zwischen Alt- und Neugläubigen, aber auch innerhalb des evangelischen Lagers.

In vier Punkten hat sich die Reformation von Anfang an vom mittelalterlichen Umgang mit dem Altarsakrament abgewandt: 1. wurde der Gedanke des Messopfers kritisiert: Beim Abendmahl werde nicht, wie die mittelalterliche Kirche lehrte, der Opfertod Christi wiederholt. 2. wurde das Transsubstantiationsdogma verworfen, die Lehre, dass beim Abendmahl das Brot in den Leib Christi und der Wein in das Blut Christi verwandelt werde, und zwar jeweils nur die Substanz, das Wesen, nicht aber die Akzidenzien, die Eigenschaften wie das Aussehen, der Geruch und der Geschmack. 3. wurde der Laienkelch gefordert: Nicht nur die Priester, sondern alle Gläubigen sollten außer dem Brot auch den Wein empfangen. 4. wurden die Privatmessen und die Auffassung vom Operum operatum abgelehnt. Vom Pfarrer alleine, ohne Gemeindebeteiligung zelebrierte Abendmahlsfeiern sollte es nicht mehr geben, weil der Vollzug des Rituals als solches nicht schon Gott wohlgefällig sei.

Luther hielt mit dem Mittelalter daran fest, dass im Abendmahl Gott selbst handle und heilsvermittelnd wirke und dass Christus in den Elementen real, wirklich gegenwärtig sei. Als zunächst Karlstadt, dann Zwingli und Oekolampad ein symbolisches Abendmahlsverständnis vertraten, wurde Luther zum energischen Verfechter der Realpräsenz. Der Leib und das Blut Christi waren für ihn in Brot und Wein. Wie das geschehen könne, wollte er aber nicht näher erklären. Ferner betonte Luther die Sünden vergebende Kraft der Feier. Im Spätherbst 1524 stellte Zwingli in einem später gedruckten Brief an den Reutlinger Reformator Matthäus Alber seine Abendmahlslehre vor. Für den Züricher war klar, dass Jesus das Abendmahl als Gedächtnis- und Gemeinschaftsmahl, als gottesdienstliche Feier für seine Jünger gestiftet hatte und „dass der Genuss des Abendmahls nicht die Sünden hinwegnimmt, vielmehr ein Bekenntnis der an die Vernichtung und Zerstörung der Sünde durch Christi Tod fest Glaubenden und dafür Dankenden ist". 1527 eröffnete die „Amica exegesis" (Freundschaftliche Erklärung) den direkten Streit mit Luther.

Gegen Zwinglis Auffassung opponierte Luther mit großer Entschiedenheit, unter anderem 1528 in seinem „Bekenntnis vom Abendmahl Christi". Luther war es wichtig, dass bei den Sakramenten Gott handele und nicht der Mensch und dass Jesu Wort „Das ist mein Leib" wörtlich verstanden werde. Die Glaubwürdigkeit der Bibel stand für ihn auf dem Spiel. Allerdings wollte auch er nicht zurück zur mittelalterlichen Transsubstantiationslehre.

Das theologische Problem bekam politische Relevanz, als Hessen 1529 ein großes Bündnis gegen Habsburg, gegen den Kaiser, schmieden wollte und dazu möglichst viele reformatorische Kräfte brauchte. Luther und Melanchthon lehnten aber ein Bündnis mit den „Sakramentierern", wie sie die Schweizer nannten, grundsätzlich ab. Einigkeit in allen Fragen der Lehre war für sie die Voraussetzung eines militärischen Bündnisses. Die theologische Einigung oder zumindest Annäherung wurde also nötig, um die politisch-militärische Zusammenarbeit zu ermöglichen. Im Sommer 1529 stellten Luther und Melanchthon die Schwabacher Artikel auf, siebzehn Thesen, die bei Zusammenkünften verschiedener evangelischer Reichsstände in Schwabach diskutiert worden waren und sich scharf gegen Zwingli abgrenzten. Im 10. Artikel hieß es, „daß Eucharistia oder des Altars Sakrament steht auch in zwei Stücken, nämlich daß sei wahrhaftiglich gegenwärtig im Brot und Wein der wahre Leib und Blut Christi [...] und sei nicht allein Brot und Wein." Doch weil die Artikel mit der Betonung der Realpräsenz des Leibes und Blutes in den Elementen und des Glauben vermittelnden Charakters der Feier zu einseitig lutherisch waren, verweigerten nicht nur Straßburg und Ulm, sondern auch Hessen ihre Zustimmung.

Philipp von Hessen hoffte, eine persönliche Begegnung der Kontrahenten könnte die Lehrgegensätze zu überbrücken helfen. Deshalb lud er für den Herbst 1529 in sein Schloss nach Marburg ein, zu einem „Gipfeltreffen", wie man heute sagen würde, wobei den Wittenbergern im Vorfeld aber verschwiegen wurde, dass auch Zwingli eingeladen war. Möglicherweise wäre Luther, wenn er das gewusst hätte, gar nicht gekommen.

Vom 1.–4. Oktober 1529 tagten die Theologen unter dem Vorsitz des Landgrafen. Diskussionspartner waren Luther und Melanchthon auf der einen, Zwingli und Oekolampad auf der anderen Seite. Außerdem nahmen Kaspar Hedio und Martin Bucer aus Straßburg, Justus Jonas aus Wittenberg, Johannes Brenz aus Schwäbisch Hall, Lukas Osiander aus Nürnberg und Stephan Agricola aus Augsburg teil. Die Theologen gaben sich flexibel und fanden ein Stück weit mehr Verständnis für die jeweils anderen Positionen. Umstritten blieb aber die Frage der Realpräsenz des Leibes Christi. Die Wittenberger hatten verschiedene Formeln vorgelegt, die aber alle für Zwingli nicht annehmbar waren. Gemeinsam wurde am Schluss der Tagung eine Reihe von fünfzehn Lehrartikeln unterschrieben und gleichzeitig im letzten, im 15. Artikel festgehalten, dass man sich nicht darin einig sei, „ob der wahre Leib und das wahre Blut Christi leiblich im Brot und Wein sei". Man versicherte sich aber der gegenseitigen christlichen Liebe, was einen Verzicht auf weitere Beschimpfungen bedeutet hätte. Luther war allerdings nicht bereit, Zwingli und seine Anhänger als „Brüder" anzuerkennen, was Zwingli Tränen in die Augen trieb.

Zwingli berichtete später, Oekolompad und Luther hätten drei Stunden lang miteinander diskutiert und anschließend sei Oekolampad zu ihm gekommen und habe geklagt, er sei eben zum zweiten Mal in seinem Leben auf Johannes Eck gestoßen. Oekolampad sah den Wittenberger in der Abendmahlsfrage also auf der Seite Roms stehen. Und dabei war Luther nach seinem eigenen Empfinden maßvoll aufgetreten, denn er erzählte später, Melanchthon habe ihn gezügelt. Die erste Begegnung mit Eck hatte Oekolampad 1526 bei der Disputation von Baden im Aargau. Später haben auch strenge Lutheraner wegen des Abendmahls die Kluft zu den Reformierten größer empfunden als die Kluft zu den Katholiken und tönten laut: „Lieber päpstlich als zwinglisch!"

Zwingli sprach mit Melanchthon sechs Stunden lang. Er empfand ihn dabei als „sehr glatt" und meinte, sein Gegenüber habe sich „in alle Gestalten verwandelt". Also war Melanchthon flexibel und kompromissbereit, aber offenbar nicht so, dass er Zwingli überzeugen konnte. Zwingli witterte hinter Melanchthons Wendemanövern letztlich die Abendmahlslehre Luthers. Es war das erste und das einzige Mal, dass sich Melanchthon und Zwingli persönlich begegneten. Es gab zwischen beiden keinen Briefwechsel. Melanchthon schätzte Zwingli nicht, sein ganzes Wesen war ihm fremd. Die Wittenberger sahen in Zwingli wie in allen Schweizern einen ungebildeten Bauern. Hierbei spielte sicherlich auch eine Rolle, dass sich die Schweizer Eidgenossenschaft vom Reich zu lösen begonnen hatte.

Der sächsische Kurfürst sowie Markgraf Georg von Brandenburg erklärten wenige Tage nach dem Marburger Gespräch die Zwinglianhänger für ungläubig und unter Gottes Zorn stehend. Kursachsen blieb bei den Schwabacher Artikeln. Das Religionsgespräch war damit gescheitert. Philipp von Hessen hatte sein Anliegen nicht erreicht. Doch der Abendmahlsstreit und der Wille, zu einer Einigung zu kommen, waren noch lange nicht erledigt. In der weiteren Entwicklung der Dinge spielte allerdings nicht mehr Luther, sondern Melanchthon die wichtigste Rolle.

Melanchthon hatte in den Loci von 1521 eine noch unreflektierte Realpräsenzlehre vertreten: „Die Teilnahme am Tisch des Herrn, das heißt das Essen des Leibes Christi und das Trinken seines Blutes, ist ein handfestes Zeichen der Gnade". Der Abendmahlsempfang diene zur Glaubensstärkung, in Anfechtungen und beim Sterben. Später hat Melanchthon Luthers zugespitzte, strenge Realpräsenzlehre nicht mehr geteilt, sondern hat sich die Gegenwart Christi „mit dem Brot" (cum pane), nicht „im Brot" (in pane) vorgestellt. Er lehrte keine eigentliche Real-, sondern eine Aktualpräsenz, indem er betonte, dass ein Sakrament nur aktuell, während der Sakramentshandlung ein Sakrament sei, also der Abendmahlswein nach der gottesdienstlichen Feier keine Heiligkeit mehr an sich habe, sondern was übrig bleibe, dem Küster geschenkt oder den Gottesdienstbesuchern gegeben, sogar weggeschüttet werden könne. Melanchthons Cum-pane-Formel findet sich in der Wittenberger Konkordie von 1536 und in der revidierten Confessio Augustana von 1540, ferner in der Konkordienformel von 1577. In der Neufassung der CA hat Melanchthon auf die ausdrückliche Verwerfung anderer Positionen verzichtet.

Calvin hat eine weitere Variante entwickelt, das Abendmahl zu verstehen, indem er sich die Gegenwart Christi geistig, spirituell vorstellte, als Spiritualpräsenz. Christus sei real gegenwärtig bei der Abendmahlsfeier, aber nicht mit seinem Leib, sondern in seiner Gottheit, vermittelt durch den Geist. Der Leib Christi sei im Himmel. Da der Geist aber nur in den Gläubigen wirke, gebe es keine Mahlteilnahme der nicht Glaubenden (manducatio impiorum). Wer nicht glaube, empfange beim Abendmahl nicht den Leib Christi, sondern einfach nur Brot. Calvin unterschied sich also von Zwingli, aber für strenge Lutheraner war auch Calvins Sicht unannehmbar.

Nach Luthers Tod spitzten verschiedene lutherische Theologen Luthers Position sogar noch zu. Um das Argument abzuwehren, ein menschlicher Körper könne gar nicht an verschiedenen Orten, wo gerade das Abendmahl gefeiert werde, gleichzeitig real gegenwärtig sein, sondern eben nur geistig, entwickelte der württembergische Reformator Brenz die Lehre von der Ubiquität (Allgegenwart) des Leibes Christi: Weil in Jesus Christus Gott und Mensch vereint seien, übertrügen sich göttliche Eigenschaften auf die menschliche Natur, und somit könne der Leib Christi, anders als normale menschliche Leiber, gleichzeitig an verschiedenen Orten gegenwärtig sein. Melanchthon, der Brenz eigentlich sehr schätzte, hatte keinerlei Verständnis für dieses spitzfindige „neue Dogma" und hat unverhohlen darüber gespottet.

Die Abendmahlskontroverse sollte jahrhundertelang zwischen den lutherischen und den reformierten Kirchen stehen. Noch während des „Kirchenkampfes" 1933–1945 gingen reformierte und lutherische Pfarrer nicht gemeinsam zum Abendmahl. Erst in allerjüngster Zeit, durch die Leuenberger Konkordie 1973, ist es gelungen, den Konflikt beizulegen. Den Sieg hatte Melanchthons Cumpane-Formel: „Im Abendmahl schenkt sich der auferstandene Jesus Christus in seinem für alle dahingegebenen Leib und Blut durch sein verheißendes Wort mit Brot und Wein. Er gewährt uns dadurch Vergebung der Sünden." Dies beschlossen Repräsentanten lutherischer und reformierter Kirchen 1973 in der Tagungsstätte Leuenberg bei Basel, und mehr als hundert evangelische Kirchen haben diese Erklärung inzwischen unterzeichnet. Melanchthon wurde damit zum Vater der innerprotestantischen Ökumene.

# Kindertaufe – pro und contra

Nicht zwischen Alt- und Neugläubigen, aber innerhalb der Reformationsbewegung war neben dem Abendmahlssakrament auch das Sakrament der Taufe umstritten.

Ende 1521, als Luther auf der Wartburg weilte, zweifelte Melanchthon an der Berechtigung der Kindertaufe. Er stand unter dem Einfluss der so genannten Zwickauer Propheten, dreier Männer aus Zwickau, zwei von ihnen Tuchmacher von Beruf, die sich in Wittenberg aufhielten und unter Berufung auf Auditionen predigten. Sie lehnten die Kindertaufe ab, und Melanchthon war beeindruckt von ihrem Auftreten und ihren Argumenten. Was jedoch in Wittenberg die Position Einzelner war und blieb, führte andernorts zu einer alternativen evangelischen Kirchenbildung. Es entstanden Täufergemeinden und -kirchen, die es innerhalb des evangelischen Christentums bis heute gibt.

Die Täuferbewegung ist aus der Reformation in Zürich erwachsen. In den Landgemeinden Zürichs wurde spätestens im Jahr 1524 die Säuglingstaufe in Frage gestellt, ja für ungültig erklärt und die Taufe Erwachsener gefordert. Im Januar 1525 führte der Rat der Stadt deshalb eine Disputation über die Taufe durch, wobei die Befürworter der Kindertaufe natürlich siegten. Doch die Radikalen unter Führung von Konrad Grebel vollzogen provozierend wenige Tage später in Zollikon die erste Wiedertaufe. Grebel taufte Georg Blaurock. Grebel wurde mehrfach verhaftet und starb 1526 an der Pest. Im März 1526 verfügte der Züricher Rat die Todesstrafe für die Durchführung der „Wiedertaufe", der erneuten Taufe eines bereits als Kind getauften Erwachsenen. Sie wurde erstmals 1527 an Felix Manz durch Ertränkung vollstreckt.

1527 gründete sich in Schleitheim im Hegau die „Brüderliche Vereinigung". Damit war eine erste reformatorische Freikirche entstanden. Die Schleitheimer Artikel, das erste Bekenntnis der Täufer, legten als Grundsatz die Glaubenstaufe fest. Durch eine strenge Bannpraxis grenzten sie sich von allen ab, die nicht zur

Gemeinde gehörten. Zur Absonderung von der Welt, ihrem obersten Prinzip, gehörte, dass nicht ausreichend linientreue Gemeindeglieder konsequent ausgeschlossen wurden. Der Eid wurde ebenso verweigert wie der Wehrdienst. Eine weltliche Obrigkeit, so dachten die Täufer, werde von wirklichen Christen nicht benötigt. In den Gemeinden sollten sich die wahrhaft Glaubenden sammeln. Die Pfarrer, die als Hirten bezeichnet wurden, sollten frei gewählt werden.

In der Folge bildete das Schweizer Täufertum weltabgewandte Gemeinden, die zunehmend erstarrten. Auch in Südwestdeutschland gab es versprengte Reste von Täufern. Weitere Täufergemeinden entstanden in den 20er- und 30er-Jahren in Böhmen und Mähren und in Nordwestdeutschland. Die Bewegung war äußerst vielfältig und in sich völlig zerstritten, weil einzelne charismatische Führer jeweils eine bestimmte Richtung prägten. Manche Täufergemeinden wurden später zu richtigen organisierten Kirchen und bestehen noch heute: die Mennoniten und die Hutterer.

Melanchthon musste sich während der Kirchenvisitation erneut mit der Infragestellung der Kindertaufe auseinandersetzen. 1528 veröffentliche er ein ausführliches lateinisches „Gutachten über die Wiedertäufer" (Adversus anabaptistas iudicium), das auch in einer deutschen Übersetzung verbreitet wurde. Es enthielt eine theologische, sachliche Erörterung der Sakramentenfrage allgemein, dann speziell der Taufe und schließlich eine ausführliche Begründung der Kindertaufe aus der Heiligen Schrift und der altkirchlichen Tradition, wobei Melanchthons Argumentation zu einem großen Teil auf Augustins Theologie fußte. Für Melanchthon waren die Täufer Irrlehrer und Aufrührer, vom Teufel besessen, „jüdischen" und anderen Irrtümern anhängend.

1529 verabschiedeten katholische und evangelische Stände beim Reichstag zu Speyer einmütig das so genannte Wiedertäufermandat. Es bestimmte, dass der Spender einer Wiedertaufe mit dem Tode zu bestrafen sei, ebenso der Täufling, der sie vornehmen lasse. Auch derjenige, der die Taufe neugeborener Kinder verweigerte, wurde mit dem Tode bedroht. Begnadigt werden sollten aber alle, die ausdrücklich ihr Bekenntnis zu den Wiedertäufern widerriefen.

Die Durchführung des Gesetzes war wie bei allen Reichsgesetzen in das Belieben der einzelnen Stände gestellt. Das hatte eine unterschiedliche Behandlung der Täufer in den verschiedenen Städten und Territorien zur Folge. Während beispielsweise im katholischen Rottenburg Köpfe rollten, Scheiterhaufen brannten und im Neckar Wasserleichen trieben, wurden die Täufer im evangelischen Straßburg und im evangelischen Hessen milde behandelt.

Auf Anforderung des Kurfürsten von Sachsen entstand 1531 unter Melanchthons Federführung ein ausführliches Gutachten über die Anwendung der Todesstrafe gegen Wiedertäufer. Melanchthon verlangte eine differenzierte Behandlung der Personen. Die Todesstrafe hielt er gegen Anführer und beharrliche Anhänger für berechtigt, mit folgender Begründung: Sie verstießen gegen das Versammlungsverbot, begingen Aufruhr, machten sich der Gotteslästerung schuldig und zerstörten die kirchliche Ordnung, die die Obrigkeit zu schützen habe, indem sie das Predigtamt ablehnten. Melanchthon verglich die Täufer mit den Donatisten in der frühen Christenheit, welche die Gültigkeit von Sakramenten bestritten, wenn sie von Geistlichen gespendet wurden, die bei Verfolgungen versagt hatten. Bestraft werden sollten die Täufer nicht wegen Irrlehre, sondern wegen ihres Verhaltens und als Gotteslästerer. Der Gedanke, wegen Ketzerei die Todesstrafe zu verhängen, war einem Evangelischen wie Melanchthon unangenehm, weil gegenüber den Altgläubigen ja immer gesagt worden war, gegen Ketzer dürfe nur mit geistlichen, nicht mit weltlichen Mitteln vorgegangen werden. Sofern Täufer allerdings nicht aufrührerisch lehrten, solle man sie nur außer Landes verweisen und nicht töten, so Melanchthon. Die Bekehrbaren müssten öffentlich Buße leisten. Luther hat dem Gutachten zugestimmt. 1528 war er, was die Anwendung der Todesstrafe anbelangte, noch zurückhaltender gewesen.

In Waldshut am Hochrhein, in Nikolsburg in Mähren und in Münster in Westfalen erlangten die Täufer zeitweise politische Macht und gestalteten ein gesellschaftliches Gemeinwesen nach ihren Vorstellungen. Besonders das so genannte Wiedertäuferreich von Münster in den Jahren 1534/35 erregte Aufmerksamkeit. Unter der Anführerschaft charismatisch begabter Holländer und in Erwartung des baldigen Weltendes wurde ein rigoristisches und diktatorisches Regiment errichtet. Zahlreiche Todesurteile gegen Abweichler wurden vollstreckt, und die Täuferführer praktizierten nach alttestamentlichem Vorbild die Mehrehe – von den Gegnern als „Vielweiberei" verteufelt. Der Bischof von Münster und andere evangelische und katholische Obrigkeiten zogen jedoch ihre Truppen zusammen, belagerten die Stadt und bereiteten der Täuferherrschaft ein blutiges Ende. Der Täuferbewegung und ihren Idealen hat diese Episode sehr geschadet.

Eine direkte Begegnung mit Täufern hatte Melanchthon nur einmal. Im Winter 1535/36 hat er in Thüringen – in Jena, auf der Leuchtenburg sowie in Kahla – mehrere Inhaftierte verhört, darunter den Täuferführer Hans Peißker, einen Müller aus Kleineutersdorf bei Kahla an der Saale. In den davon erhaltenen Dokumenten zeigt sich, dass Melanchthon zu differenzieren wusste, obwohl er unter den Eindrücken der Ereignisse von Münster stand. In mehreren Fällen plädierte er für die Freilassung, in anderen befürwortete er jedoch die Hinrichtung. Nicht nur an Calvins, sondern auch an Melanchthons Händen klebt also Blut, wenn auch die Hinrichtung von Peißker weniger spektakulär war als die von Servet. An Letzteren erinnern in Genf heute ein Denkmal sowie der Name einer Straße. Peißker dagegen geriet in seiner Heimat in Vergessenheit.

Wie begründete Melanchthon die Kindertaufe? 1522, als er selbst zweifelte, erhielt er von Luther einen belehrenden Brief, wo ihm der Gedanke des stellvertretenden Glaubens (fides aliena) nahe gebracht wurde. Er besagte, dass bei der Taufe von Kindern der Glaube der Eltern und Paten sowie der Gemeinde zähle. Doch später gab Melanchthon einer anderen Argumentation den Vorzug. Er nannte in den 50er-Jahren, in seiner für ein breites Publikum gedachten deutschen Ausgabe der Loci, mehrere Begründungen, warum die Kindertaufe nicht nur erlaubt, sondern geboten sei:

1. In der Kirche der Antike, die für Melanchthon eine „reine" Kirche war, wurden Kinder getauft. Melanchthon verweist auf Origenes, Cyprian und Augustin. Er verwendet also ein Traditionsargument.

2. Melanchthon nennt Gründe aus der Heiligen Schrift, nämlich dass die Verheißung und das Reich Gottes auch die Kinder angehen. Er verweist auf Jesu Wort „Lasset die Kinder zu mir kommen" (Mt 19,4). Unter Bezugnahme auf Eph 5,5, Apg 4,12 und Joh 3,5 erklärt er, die Kinder seien der Kirche „einzuverleiben", weil es außerhalb der Kirche kein Heil und keine Vergebung der Sünden gebe. Außerdem sei in Joh 3,5 die Taufe allen geboten, also auch den Kindern.

3. Es folgen noch allgemeine theologische Überlegungen: Die Kinder bedürften der Sündenvergebung wegen der Erbsünde, also müssten sie getauft werden. Wenn den Kindern die Verheißung gehöre, dann auch das dazugehörige Zeichen. Man dürfe es ihnen nicht vorenthalten.

Schließlich bietet Melanchthon noch eine eingehende Auseinandersetzung mit den Einwänden. Auf den Einwand, die Kinder hätten noch keinen Glauben, entgegnet er, den Kindern werde bei der Taufe der Heilige Geist verliehen, der wirke in ihnen und erzeuge auch in ihnen eine Neigung zu Gott, also eine Vorstufe des Glaubens. Ferner widerspricht Melanchthon der Ansicht, die Taufe sei eine menschliche Bekenntnishandlung, in der man sich zur Tötung der bösen Lüste und zu einem strengen Leben, zu Geduld im Leiden etc. verpflichte. Für ihn ist sie vielmehr ein Zeugnis der den Menschen zugewandten göttlichen Gnade. Keine Rolle mehr spielt bei Melanchthon nunmehr der Gedanke eines stellvertretenden Glaubens der Eltern und Paten, den Luther vertreten hatte.

Alle großen Reformatoren entschlossen sich für die Beibehaltung der Kindertaufe und erachteten sie nicht einfach nur als möglich, sondern als geboten und unverzichtbar. Da die theologischen, insbesondere die biblischen Argumente dafür schwach waren, wäre die Frage zu stellen, ob die Reformatoren nicht auch aus außertheologischen Gründen auf dieser Tradition beharrten. Alle Reformatoren wollten an einer großen, einheitlichen, das ganze Volk erfassenden und erziehenden Kirchenorganisation festhalten. Darin waren sie noch ganz und gar mittelalterlich. Eine Volkskirche aber, um einen Begriff des 20. Jahrhunderts zu gebrauchen, gab es nur bei Beibehaltung der Kindertaufe. Der Bruch mit ihr, auch schon ihre Freistellung hätte unweigerlich eine Differenzierung und Pluralisierung des Christentums zur Folge gehabt.

Das Festhalten an der Kindertaufe und die ihr gegebenen Begründungen führten zum Weiterleben abergläubischer Praktiken in den lutherischen Kirchen. Dazu gehörten Taufen im Mutterleib, die Taufe von Todgeborenen und die lange und weit verbreitete Sitte, ein Neugeborenes gleich nach der Geburt zu Hause zu taufen und nicht, wie es eigentlich vorgesehen war, im Gottesdienst der Gemeinde. Die immer als Ausnahmen gedachten Jäh- und Nottaufen wurden beinahe zum Normalfall, weil man um das Schicksal der mit der Erbsünde belasteten ungetauft verstorbenen Kinder fürchtete. In den reformierten Kirchen wurde die Nottaufe abgeschafft.

# Ist der menschliche Wille frei?

Ein weiteres innerhalb des evangelischen Lagers, aber auch zwischen Evangelischen und Altgläubigen nachhaltig umstrittenes Thema war die Frage, ob der Mensch einen freien Willen habe und sein Leben, auch sein Gottesverhältnis, in die eigene Hand nehmen könne.

Luther hatte das Thema erstmals am 26. April 1518 in der Heidelberger Universität aufgegriffen, als er, gerade erst durch seine 95 Thesen bekannt geworden, bei einer Versammlung seines Ordens weitere 28 theologische und 12 philosophische Thesen vorlegte, in denen er sich unter anderem gegen die Metaphysik des Aristoteles wandte, aber auch erklärte, dass das göttliche Gesetz den Menschen nicht zur Gerechtigkeit führe und kein Mensch das Recht habe, sich vor Gott auf seine sittlichen Leistungen zu berufen. Den angeblich freien Willen des Menschen erklärte er in diesem Zusammenhang zu einem Sklaven der Sünde. Der freie Wille sei nach dem Sündenfall nur ein bloßer Begriff. Wer tue, was in seinen Kräften stehe, begehe in Wirklichkeit eine Todsünde. Die Kirche dagegen hatte immer gelehrt: Der Mensch muss, obgleich schwach, alles tun, was ihm möglich ist, dann gibt ihm Gott das Übrige dazu.

Im Jahre 1524 legte Erasmus, mehrfach gedrängt, sich endlich öffentlich mit Luther auseinander zu setzen, ein Buch „Über den freien Willen" (De libero arbitrio) vor, in dem er, auf Luthers in Heidelberg geäußerte Thesen zurückgreifend, dessen Behauptung bestritt, der Mensch habe Gott gegenüber keinerlei freien Willen. Erasmus trat für eine begrenzte Willensfreiheit ein und behauptete, der Mensch könne das göttliche Gnadenangebot annehmen oder ablehnen, sei also mitverantwortlich für sein Heil.

Das Buch des Humanisten war in einem höflichen, zurückhaltenden Ton verfasst und wollte nicht provozieren. Außerdem glaubte der Verfasser, ein Randthema angesprochen zu haben, das nicht besonders heikel wäre. Doch Luther reagierte heftig, in der

Sache sowie im Ton, und verfasste 1525 eines seiner theologisch bedeutendsten Werke, das Buch „Über den versklavten Willen" (De servo arbitrio). Der Reformator blieb bei seiner Position, dass der Mensch in seinem Gottesverhältnis kein aktiv Gestaltender sei, sondern allein Gott der Handelnde, der Mensch aber Empfangender. Erasmus überzog er mit Hohn und Spott.

Erasmus, tief gekränkt, wollte fortan von der Reformation nichts mehr wissen und identifizierte sich wieder deutlicher mit der alten Kirche. Auch sein Verhältnis zu Melanchthon war vorübergehend getrübt. Gegen Luther ließ er 1526/27 noch einmal ein Buch ausgehen, das zweibändige „Schutzschild der Streitschrift gegen den unfreien Willen Martin Luthers" (Hyperaspistes diatribae adversus servum arbitrium Martini Lutheri). Mit Ps 91,13 konnte man in den lateinischen Titel auch hineinlesen: Einer, der über die Giftschlange Luther hinwegschreitet. Luther, der Erasmus schon vor längerem als „Viper" beschimpft hatte, reagierte nicht mehr.

Melanchthon hat in seinen frühen Jahren den freien Willen wie Luther bestritten, so in seinen Loci von 1521: „Da doch alles, was geschieht, gemäß der göttlichen Vorherbestimmung notwendig geschieht, gibt es keine Freiheit unseres Willens." Im Streit der beiden Giganten trat er sachlich zunächst auf die Seite Luthers. Melanchthon hat – ohne Erasmus offen zu bekämpfen und ohne sich im Tonfall zu vergreifen – in der zweiten Hälfte der 20er-Jahre in den verschiedenen Kolosserkommentaren, die er in dieser Zeit verfasst hat, eine ebenfalls gegen Erasmus gerichtete Position bezogen. Aus Melanchthons Sicht hat Erasmus den Grundfehler begangen, nicht klar zwischen christlicher Gerechtigkeit und menschlicher Freiheit zu unterscheiden. Melanchthon gestand menschliche Freiheit in den Dingen der Welt zu, allerdings begrenzt durch menschliche Schwächen und die Attacken des Teufels. Selbst Philosophen seien ja unfähig, den von ihnen als richtig erkannten Prinzipien zu folgen. Erasmus unterscheide auch nicht korrekt zwischen dem Wort Gottes und der menschlichen Vernunft. Melanchthon griff Erasmus sogar als Humanisten an und zweifelte an seinen rhetorischen und dialektischen Fähigkeiten. Auch seinen Angriff auf Luther warf ihm Melanchthon vor und sah in Erasmus ein abschreckendes Beispiel dafür, was mit einem Menschen geschehe, wenn er von Gottes Hilfe verlassen werde.

Doch 1530 nahm er wieder Kontakt mit Erasmus auf, und in den 30er-Jahren veränderte sich seine theologische Auffassung. Er fand zu einer Position, die der des Erasmus nahe stand. Dennoch war auch der späte Melanchthon kein Erasmianer und hat sich nicht als solcher verstanden. Während Luther die Positionsänderung seines Kollegen tolerierte, griffen Anhänger Luthers Melanchthon heftig an. Auch der Züricher Heinrich Bullinger, der Nachfolger Zwinglis, erhob schwere Vorwürfe. Bis heute ist Melanchthons Haltung in der Willensfrage ein Grund, seine Dignität als Reformator anzuzweifeln. Für Melanchthon aber schien klar: Der Gerechtfertigte erhält den Geist, und der erneuert das Denken und den Willen. Schwach ist der Wille zwar, aber er ist kein Sklave.

1556–1560 kam es im Herzogtum Sachsen zum Streit um die Willensfrage, zum synergistischen Streit. Es ging erneut um die Mitwirkung des menschlichen Willens und der menschlichen Kräfte bei der Erlangung des Heils. Muss der Mensch dem göttlichen Gnadenangebot zustimmen und kann er es ablehnen? Johann Pfeffinger aus Leipzig und Victorinus Strigel aus Jena vertraten, basierend auf Melanchthon, die Position, der menschliche Wille müsse mitwirken. „Der Mensch ist kein Holzklotz", warfen sie ein. Matthias Flacius aus Jena repräsentierte die Gegenposition und bestritt die Freiheit des Willens energisch.

# Die Heiligen ehren, aber nicht anrufen

Die Verehrung der Heiligen war ein wesentlicher Bestandteil der mittelalterlichen Frömmigkeit. Die Menschen schätzen sie als Nothelfer und Fürsprecher und beteten zu ihnen. Als Luther 1505 bei Stotternheim in ein heftiges Sommergewitter geriet, rief er zur heiligen Anna und versprach, im Falle der Erhörung ein Mönch zu werden. Er überlebte das Gewitter und trat ins Kloster ein.

Von 1517 an wandte sich Luther jedoch gegen den Heiligenkult. Wo die Reformation Fuß fasste, wurden häufig Heiligenbilder aus den Kirchen entfernt. Es kam vielerorts zu gewaltsamen Bilderstürmen.

Melanchthon hatte anders als Luther nie einen innigen Umgang mit Heiligen gepflegt, bemühte sich aber bei der Thematik um eine Differenzierung. In der Confessio Augustana wird in Artikel 21 gesagt, „daß man der Heiligen gedenken soll, auf daß wir unsern Glauben stärken, so wir sehen, wie ihnen Gnad widerfahren, auch wie ihnen durch Glauben geholfen ist; dazu, daß man Exempel nehme von ihren guten Werken, ein jeder nach seinem Beruf". In der Apologie enthält Artikel 21 eine ausführliche Gebetslehre, in der dargelegt wird, dass die Anrufung Gott allein gebühre. Vor dieser längeren Abhandlung über das Gebet wird zur Frage nach den Heiligen klargestellt: „Unser Bekenntnis billigt die Verehrung der Heiligen." Dreifach sei die Ehre, die aus evangelischer Sicht den Heiligen gebühre. 1. Man ehre die Heiligen durch die Gott dargebrachte Danksagung für die Beispiele der Barmherzigkeit, die der Kirche durch die Heiligen gegeben worden seien, und für ihre Rolle als Lehrer der Kirche. Die Ehrung der Heiligen erfolgt also durch den Gott gespendeten Dank, aber auch die Heiligen selbst seien zu preisen, weil sie von den ihnen von Gott gegebenen Gaben rechten Gebrauch gemacht hätten. 2. Geehrt würden die Heiligen auch, indem ihre Lebensgeschichte zur Glaubensstärkung gebraucht werde. Dazu, so ist zu folgern, muss man diese Lebensgeschichten kennen. Und 3. ehre man die Heiligen durch die Nachahmung, und zwar durch die ihres Glaubens ebenso wie durch die ihrer Tugenden, die in der deutschen Fassung der Apologie mit „Liebe" und „Geduld" konkretisiert werden.

In einer von ihm 1552 verfassten Kirchenordnung erklärt Melanchthon, wie von den Heiligen recht zu predigen sei. Man solle an ihnen zeigen, welchen Menschen sich Gott offenbart und sein Wort gegeben hat, und auch, für welche Lehre zu jeder Zeit die Heiligen gepredigt und gestritten hätten, damit die Christen der Gegenwart „durch ihr Zeugnis" gestärkt würden. Lernen könne man an den Heiligen auch, dass die Kirche „für und für unter dem Kreuz gewesen" und gleichwohl „durch göttliche Macht" erhalten worden sei.

Für Melanchthon persönlich gewann die Heiligenverehrung Relevanz im Zusammenhang mit dem von ihm gepflegten Tagesgedenken. Der Blick in den Kalender und die damit verbundene Besinnung auf die religiöse und geschichtliche Bedeutung des jeweiligen Tages war ein fester Bestandteil seiner Morgenandacht. Er ließ sich aus dieser Besinnung auf den Charakter des Tages einen Impuls geben, der vergleichbar war mit der Funktion der Losungen im Pietismus und der zum Danken und Bitten anregen oder einen hilfreichen oder tröstlichen Gedanken für die anstehenden Tagesaufgaben vermitteln sollte. Hierfür hat sich Melanchthon im Laufe der Zeit einen eigenen Kalender geschaffen, der von den traditionellen kirchlichen Fest- und Namenstagen nur noch die mit reformatorischem Denken zu vereinbarenden enthielt und zugleich neue, andere Gedenktage aus der Allgemeingeschichte und aus dem persönlichen Bereich verzeichnet hatte. Zu diesem Zweck übertrug Melanchthon die Ereignisse der Passionszeit in eine feste historische Chronologie, was vereinzelt schon im Mittelalter versucht worden war. Melanchthons Zeitleiste reichte vom 14. März, an dem Jesus „die andere Seite des Jordans" (Joh 10,40) verlassen habe, bis zum 27. März, dem Auferstehungstag. Der Termin des Karfreitags und alle anderen variablen Feiertage waren dadurch nicht mehr vom Mondzyklus abhängig, sondern hatten ein festes Datum. Der 25. März, der Tag der Frühjahrs-Tagundnachgleiche, wurde für Melanchthon zum feststehenden Gedenktag der Kreuzigung Christi, wobei er auf altkirchliche und mittelalterliche Traditionen, die sich aber in der Kirche nicht durchgesetzt hatten, zurückgreifen konnte. Dieser Tag, der 25. März, war nach Ansicht

Melanchthons aber gleichzeitig der sechste Schöpfungstag, der Tag, an dem Adam erschaffen worden war. Außerdem war es nach Melanchthon der Tag, an dem sich der Sündenfall ereignet hatte, und es war für ihn der Tag, an dem Noah die Arche betreten hatte. Aber das war noch nicht alles. Für Melanchthon verband sich mit dem 25. März auch der Auszug Israels aus Ägypten und die Opferung Isaaks. In Übereinstimmung mit der breiten und anerkannten Tradition war schließlich der 25. März auch für Melanchthon der Tag der Empfängnis Christi, der Tag seiner wundersamen Zeugung.

Die Zusammenschau und genaue Datierung der Ereignisse offenbart Melanchthons Interesse an der Geschichte und ist zugleich Ausdruck einer theologischen, heilsgeschichtlichen Konzeption. Wichtige, in einem geschichtlichen oder theologischen Zusammenhang stehende Ereignisse wurden im Christentum schon immer gerne zeitlich oder örtlich kombiniert.

Die Bedeutung, die der 25. März für Melanchthons Frömmigkeitsleben hatte, lässt sich an vielen Äußerungen in Briefen ablesen, die er am 25. März verfasst hat, und daran, dass er am 24. März 1545 seine Überlegungen und die ihnen zugrunde liegenden Berechnungen in Wittenberg öffentlich ausgehängt hat. Einige Tage später datierte auch Luther, entgegen seiner Gewohnheit, den Auferstehungstag Christi in einem Brief nach der von Melanchthon propagierten Chronologie.

Das traditionelle Heiligengedenken spielte in Melanchthons Tagesgedächtnis ebenfalls eine Rolle. Beispielsweise gedachte er am 20. August Bernhards von Clairvaux und würdigte vor allem dessen politisches Werk, nämlich die Versöhnung des gebannten Gegenkönigs Konrad III. mit Kirche und Kaiser, lobte aber auch die „guten Gedanken" desselben. Für zutreffend hielt Melanchthon die Berichte, dass Bernhard Dämonen ausgetrieben hat, und erläuterte, auch in der Gegenwart käme es vor, dass Menschen durch Gebete von Dämonen befreit würden. Die Kirchenväter Augustin, Ambrosius und der Schutzpatron der Humanisten Hieronymus behielten ihre Gedenktage und Elisabeth von Thüringen, die Melanchthon als „fromme Fürstin" schätzte. Auch Gregor der Große, der heilige Laurentius und die heilige Katharina von Alexandrien fanden Beachtung. Der Katharinentag war Melanchthon wohl wichtig, weil seine Frau und zwei seiner noch zu seinen Lebzeiten geborenen Enkelinnen den Namen der legendären, historisch nicht fassbaren Heiligen trugen. Die ebenfalls legendenhafte Gestalt des römischen Diakons Laurentius war für den Reformator von Bedeutung, weil er in einer Laurentiuskirche getauft worden war.

Melanchthon hatte ein starkes Interesse an geschichtlichen Fakten. Das lässt sich nicht nur an den Gedenktagen erkennen, sondern auch daran, dass er es liebte, vor seinen Hörern auszurechnen, vor wie vielen Jahren sich eine Sache ereignet habe. Das legendenhafte Material, vor allem, was äußerlich-mirakulös war, wurde weitgehend eliminiert. Das konnte sogar so weit gehen, dass Melanchthon einen Heiligentag zum Anlass nahm, eine regelrechte Gegenpredigt zu halten, in der er die „törichten Fabeln" widerlegte, die sich um den Heiligen rankten.

Melanchthons Geschichtsbetrachtung hatte einen religiösen Zug. Er betonte in der Tradition der Humanisten den exemplarischen Wert der Historien, wobei für ihn zunächst vor allem die moralisch-ethischen Aspekte wichtig waren. Später ging es ihm mehr um die Gottesfurcht und um den Glauben. Die Geschichte, so Melanchthon, lasse Gottes Weltregiment unter Zorn und Gnade erkennen und mahne zum Gebet.

Durch sein Tagesgedenken, zu dem das Heiligengedenken gehörte, erinnerte sich Melanchthon regelmäßig an zentrale Heilstatsachen, aber auch an Gottes Präsenz in der Geschichte der Völker und im Leben des Einzelnen. Daraus gewann er Gottvertrauen und Zuversicht, um tatkräftig und verantwortlich handeln zu können.

„Immer morgens, nach dem Gebet und der Bibellesung, müsst ihr in den Kalender blicken", schärfte Melanchthon seinen Studenten in exegetisch-paränetischen Sonntagsvorträgen der 40er- und 50er-Jahre mehrfach ein. Was er selbst seit vielen Jahren als Morgenandacht praktizierte, hat er auch den Studenten empfohlen und mehr noch: Er hat es sogar in Universitätsstatuten festgehalten.

Spätestens seit dem Jahr 1544 verfolgte Melanchthon die Idee, es müsse ein evangelischer Kalender geschaffen und gedruckt werden, ein Werk, in dem Kalender und Historie, Kirchenjahr und Kirchengeschichte miteinander verbunden und sowohl der Gelehrtenarbeit als auch der Frömmigkeitspraxis nutzbar gemacht werden sollten.

Dringend gebraucht wurde dieser neue, evangelische Kalender, aber Melanchthon wollte ihn nicht selbst druckfertig machen, sondern hielt Ausschau nach einem dafür geeigneten Schüler. Paul Eber hat das Projekt Ende der 40er-Jahre in Angriff genommen. Im Jahre 1550 erschien die erste Auflage seines „Calendarium historicum", ein nüchterner, faktenreicher Kalender, der aber ganz dem Anliegen von Melanchthons geschichtlich-religiösem Tagesgedenken entsprach.

Ebers Calendarium bot – für den Gebrauch durch die Gelehrten – die verschiedenen antiken Monats- und Tagesbezeichnungen, astronomische Angaben und biblische, kirchengeschichtliche und profangeschichtliche Namen und Ereignisse für das eigentliche Tagesgedächtnis. Allgemeingeschichtliche Fakten dominierten, aber biblische Personen und Ereignisse (zum Beispiel die Arche Noah) und wichtige Gestalten der Kirchengeschichte (beispielsweise Gregor der Große, Johannes Hus) hatten auch ihren Platz. Von den Heiligen im engeren Sinn wurden nur wenige genannt, zum Beispiel Anna (26.7.), Barbara (4.12.) und Bernhard (20.8.). Vom 10. bis zum 27. März enthielt das Buch eine detaillierte Darstellung der Passions- und Auferstehungsgeschichte.

Natürlich wurden der Thesenanschlag und die Lebensstationen Luthers vermerkt und Daten aus dem Leben der Wittenberger Gelehrten, zum Beispiel der Geburtstag Melanchthons. Auch der Geburtstag des Erasmus von Rotterdam fehlte nicht. In späteren Auflagen wurden ferner das Geburts- und Todesdatum Johann Ecks genannt. Der Gedenktag der Eroberung Münsters 1535 wurde mit folgenden Worten kommentiert: „Eine Macht, die sich nicht in Gott gründet, wird von Gott auch nicht gesegnet; wer Christus zum Gegner hat, der wird nicht Bestand haben."

Die Verehrung Luthers als eines neuen, evangelischen Heiligen hatte schon zu Lebzeiten des Mannes begonnen. Bereits 1521 fertigte der Straßburger Künstler Hans Baldung einen Holzschnitt an, der den Reformator mit einem Heiligenschein zeigte. Auch wenn man später auf den Heiligenschein verzichtete: Die mit der katholischen Heiligen- vergleichbare Lutherverehrung hielt an. Es bildeten sich Legenden aus seinem Leben, die bis heute tradiert werden, und Worte wurden ihm in den Mund gelegt, die noch heute zitiert werden. Die Stätten seines Lebens und Wirkens, allen voran seine Stube auf der Wartburg und sein Wohnzimmer in

Wittenberg, wurden konserviert und lockten schon in der zweiten Hälfte des 16. Jahrhunderts Besucher an, die sich durch Kritzeleien an den Wänden verewigten.

Luther sollte nicht der einzige evangelische Heilige bleiben. Im 17. Jahrhundert kam Gustav Adolf hinzu, der Retter des Protestantismus im Dreißigjährigen Krieg, im 18. Jahrhundert charismatische Gestalten des Pietismus und im 20. Jahrhundert Dietrich Bonhoeffer und Martin Luther King.

# Lebenskrisen

In den 40er-Jahren geriet Melanchthon in die größten Krisen seines Lebens. In der Folge ereilte ihn zunächst eine schwere Krankheit, später fiel er in eine Depression und erwog sogar, sich selbst zu töten. Im Hintergrund standen eigenes Fehlverhalten und Schuldgefühle im Zusammenhang mit der Doppelehe Philipps von Hessen sowie mit der Ehe von Melanchthons Tochter Anna.

Philipp von Hessen zählte zu den wichtigsten Führer der Reformation. Er war wirklich aus Überzeugung evangelisch, zeichnete sich durch politische und militärische Stärke aus und bildete eine wertvolle Brücke zur Schweiz. Er hatte Christina von Sachsen geheiratet, war mit dieser standesgemäßen Ehe nach sechzehn Jahren aber nicht mehr zufrieden. Eine Fürstenehe wurde nicht aus Liebe und Zuneigung geschlossen, sondern aus Gründen der Herrschaftssicherung und -erweiterung. Philipp hatte eine Geliebte, die 17-jährige Hofdame Margarete von der Sale. Das war unter Fürsten des 16. Jahrhunderts nicht ungewöhnlich, doch Philipp unterschied sich von seinen Fürstenkollegen an einem wichtigen Punkt: Er bekam wegen seines Verhaltens ein schlechtes Gewissen und ging deshalb nicht mehr zum Abendmahl. Über Bucer ließ er bei Luther und Melanchthon anfragen, was er tun solle. Die beiden Wittenberger genehmigten dem Landgrafen im Dezember 1539 eine heimliche Doppelehe und begründeten ihre Entscheidung in mehreren Gutachten mit der Heiligen Schrift. Bigamie sei bei Männern nach der Bibel nicht verboten, wie an den Patriarchen gesehen werden könne, die mehrere Frauen gleichzeitig hatten. Nicht erlaubt wäre es aber für Frauen, mehrere Männer zu ehelichen. Im März 1540 schloss Philipp in Rotenburg an der Fulda seine zweite Ehe. Melanchthon und Bucer wirkten als Trauzeugen mit. Luther bekam als Dank für seine seelsorgerliche Unterstützung ein Fuder Rheinwein zugestellt.

Die Angelegenheit ließ sich jedoch nicht geheim halten. Heftiger Protest und allgemeines Entsetzen machten sich breit. Da

Bigamie nach dem Reichsrecht mit der Todesstrafe bedroht war, musste der Landgraf, um sich zu retten, einen politischen Kompromiss mit dem Kaiser suchen. 1541 verpflichtete er sich dem Kaiser gegenüber vertraglich, keine neuen auswärtigen Bündnisse mehr abzuschließen und bei der Erneuerung bestehender Einungen den Kaiser als Gegner auszunehmen. Die politische und militärische Macht der Evangelischen wurde dadurch entscheidend geschwächt, was einer der Gründe dafür war, dass der Kaiser fünf Jahre später, 1546, zum Krieg greifen konnte.

Melanchthon geriet wegen seiner Unterstützung der Doppelehe alsbald in eine große Krise. Im Gegensatz zu Luther, der sich nicht schämte, bereute Melanchthon nämlich sein Verhalten und seine Beteiligung. Er begriff, dass er der evangelischen Sache politisch und moralisch großen Schaden zugefügt hatte. Wenige Wochen später überfielen ihn deswegen Sorgen und Ängste, die er nicht mehr los wurde. In der Folge wurde er krank, todkrank.

Im Juni 1540 brach Melanchthon zu einer Reise nach Hagenau im Elsass auf, zu einem Religionsgespräch. Das Vorhaben stand, was Melanchthons persönliche Verfassung anbelangte, unter keinen guten Vorzeichen. Zum Abschied ließ er in Wittenberg verlauten: „Ich habe auf Synoden gelebt, und nun werde ich auf einer Synode sterben." Deutlicher konnte er seine Todeserwartung nicht zum Ausdruck bringen. Doch bis zur Synode, bis nach Hagenau, sollte er gar nicht erst kommen. Bereits auf dem Weg, in Weimar, führten seine „Seelenschmerzen" dazu, dass ihn auch die körperlichen Energien verließen. An Luther schrieb er mit seinen letzten Kräften einen Brief, der diesem den ganzen Ernst der Lage zeigte. Melanchthon legte sich nieder und wartete auf den Tod.

Alarmiert brach Luther, zusammen mit den Freunden und Kollegen Paul Eber und Justus Jonas, sofort nach Weimar auf, wo sie sich gemeinsam seelsorgerlich um den Todkranken bemühten. Nach einer guten Woche meldete sich Luther bei seiner Frau und teilte mit, Melanchthon sei „wahrlich tot gewesen und recht wie Lazarus vom Tod auferstanden". Luther interpretierte das Geschehen als einen Fall von göttlicher Gebetserhörung und als göttliches Wunder. Auch später kam er immer wieder auf das Ereignis zu sprechen und pflegte es regelmäßig mit der Auferweckung eines Toten zu vergleichen, wobei er häufig davon redete, Melanchthons Genesung sei durch das Gebet erreicht worden. Für Luther war

Melanchthons Rettung – wie er später wiederholt sagte – eines der wenigen selbst erlebten Beispiele, dass unablässige Fürbitte einen Menschen dem Tode entreißen könne.

Melanchthon war in Weimar nicht nur todkrank, sondern er wollte selbst tatsächlich nicht mehr leben, er hatte innerlich mit dem Leben abgeschlossen, aß nicht mehr und trank nicht mehr. Ein wichtiger Teil von Luthers Arbeit bestand also darin, den Lebensmüden wieder zur Lebensbereitschaft zu bewegen. Das war nur mit Gottes Hilfe zu schaffen. Auch Melanchthon selbst wusste sich im Rückblick „durch göttliche Fügung" aus dem leibhaftigen Tod in das Leben zurückgerufen. In einer Vision sah er Psalm 118,17 vor sich an die Wand geschrieben: „Ich werde nicht sterben, sondern leben und des Herrn Werke verkündigen." Daraus, so berichtete er, habe er neue Kraft geschöpft. Er erkannte, dass Gott ihn nicht sterben lassen wollte, dass er vielmehr leben und weiter in Gottes Auftrag das Evangelium verkündigen sollte. Fortan wünschte sich Melanchthon, nur noch Gott danken und zu Gottes Lob leben zu können.

Melanchthons Selbstvertrauen war in der Folge stark erschüttert. Er erkannte den klaren Kausalzusammenhang zwischen der Belastung durch Philipps Ehesache, seinen seelischen Problemen und den körperlichen Symptomen. Die Tatsache, dass er gerade auf einer Reise zu einem Religionsgespräch so schwer erkrankte, zeigte ihm die Grenzen eigener Möglichkeiten. Und schließlich wurde sein Wille negiert, weil er sterben wollte, aber nicht durfte.

Von daher versteht sich, dass schon in der frühesten Äußerung Melanchthons nach dem Ereignis neben den Dank für das neu eröffnete Leben die Frage nach dem Sinn und Ziel des ihm erneut aufgetragenen Lebens trat. Er fragte nach der Konsequenz des Geschehenen, nach Gottes künftigem Willen mit ihm. Sein Lebensziel stand ihm nunmehr in neuer Klarheit vor Augen. Er wollte nichts anderes mehr tun, als der Herrlichkeit Gottes dienen, konkret wurde – wie er von nun an immer wieder bekräftigte – das Lehren und das Beten seine Lebensaufgabe. Im Gebet und in der Wissenschaft, die er ja auch zum Lobe Gottes betrieb, sah er Sinn. Er trat in Distanz zu den Politikern und hatte kein Interesse mehr an Verhandlungen über Religionsfragen.

Eine nochmalige große Krise machte Melanchthon wenig später im privaten Bereich durch, und zwar wegen seiner unglücklich verheirateten Tochter Anna. Das Ereignis sollte Konsequenzen haben für seine Theologie und für die von ihm praktizierte Frömmigkeit.

Anna war das erste Kind von Melanchthon und seiner Frau Katharina. 1522 war sie in Wittenberg geboren worden. Auf Wunsch von Melanchthon und seiner Frau heiratete sie als 14-Jährige 1536 einen seiner begabtesten Schüler, den Poeten Georg Sabinus. Er hieß eigentlich Schuler, stammte aus der Stadt Brandenburg und lebte bereits seit 1523/24 im Hause Melanchthons. Er hatte seinen Lehrer 1529 nach Speyer und 1530 nach Augsburg begleitet. Schon 1534, als Anna zwölf Jahre alt war, hatten sich die beiden auf Veranlassung ihrer Eltern in Wittenberg verlobt. Sabinus war vierzehn Jahre älter als Anna.

Die Ehe der Anna Sabinus verlief unglücklich. Ihr Gatte führte ein leichtfertiges Leben, machte Schulden und hatte an kirchlichen Dingen nur wenig Interesse. Die Ehegatten verstanden sich nicht, stritten viel und lebten häufig getrennt. Darüber hinaus gab Sabinus Anna und ihren Eltern die Schuld an der Misere und sparte nicht mit Vorwürfen, Anna sei mürrisch, streitsüchtig und dumm und begehe Ehebruch.

Der Leidensweg seiner Tochter, der schon im Jahre 1537 unmittelbar nach dem Eheschluss begonnen hatte, führte Melanchthon in die größte Krise seines langen Lebens. Die Leidensgeschichte, die Melanchthon wegen des Schicksals seiner Tochter von 1537–1547 erlebte, lässt sich aus Briefen rekonstruieren, die er an enge Freunde, u.a. an Veit Dietrich und Joachim Camerarius, geschrieben hat. Elf Jahre lang zermürbte er sich wegen dieser Probleme, gab sich die Schuld an der Misere und sehnte sich nach dem Tod. So sagte er im Oktober 1543 aus Lebensüberdruss angesichts der Wirklichkeit: „Ich wünsche mir aus dem Leben zu scheiden" (Cupiam ex hac vita discedere), und dachte im Juni 1544 sogar an eine Selbsttötung. Hinzu kamen psychosomatische Störungen aller Art: Schlaflosigkeit, Hautausschläge, Milzschmerzen, ein Steinleiden, wobei Melanchthon die Zusammenhänge zwischen diesen Krankheiten und seinen seelischen Schmerzen sehr genau durchschaute.

Im Jahr 1544 erreichten die Belastungen ihren Höhepunkt. „Dieses Jahr hat mich auf vielfältige Weise geplagt" (Hic annus me varie exercuit), sagte Melanchthon Ende September 1544 zu Veit Dietrich und erinnerte an das Elend der Tochter. Im Januar hatte Melan chthon, auf Ausgleich und Versöhnung bedacht, für Sabinus einen Empfehlungsbrief für die Rektoratsstelle an der neuen Hochschule in Königsberg verfasst, obwohl er ihn eigentlich nicht als für dieses Amt geeignet ansah. Im Mai „bedankte" sich Sabinus, indem er aus Leipzig einen fingierten Liebhaberbrief an Anna schrieb, um sie später des Ehebruchs beschuldigen zu können. Daraufhin wurde von allen Beteiligten, auch von Melanchthon, die Scheidung der Ehe erwogen. Melanchthon hielt dies sogar für die beste Lösung des damals schon seit acht Jahren schwelenden Konflikts. Doch Sabinus entschied sich schließlich gegen die Trennung.

Sabinus wurde zum Gründungsrektor der Königsberger Universität benannt. Für Melanchthon war damit erneut großer Kummer verbunden. Schon Anfang Juni klagte er über den Schmerz, den ihm der Weggang der Tochter bereiten werde. Anfang Juli reisten Anna und Sabinus in das ferne Königsberg ab. Die Beziehungen zwischen den beiden Eheleuten haben sich dort nicht entscheidend gebessert, nur die allgemeinen Lebensbedingungen wurden für Anna günstiger.

Der Vater litt weiter unter dem Los seiner Tochter, konnte aber nur noch brieflich und im Gebet Anteil nehmen. Melanchthon hat seine Tochter nie wieder gesehen. In Königsberg starb sie als 24-Jährige im Februar 1547 kurz nach der Geburt ihres sechsten Kindes. Erst einen Monat später erfuhr Melanchthon von ihrem Tode. In den Wochen zuvor hatte er jedoch mehrfach von seiner Tochter geträumt. Er dachte, sie sei krank, und er sah sie im Traum vor sich stehen mit Tränen in den Augen.

Im Dezember 1544 schrieb Melanchthon einen lateinischen Brief an den Nürnberger Prediger Veit Dietrich, seinen Schüler und Freund, und kam aus gegebenem Anlass auf die Frage nach den Ursachen des menschlichen Leids und nach den Quellen wahren Trostes zu sprechen. Er erinnerte daran, in der neuen Ausgabe seiner Loci, die seit Mitte Oktober 1544 gedruckt vorlag, diese Frage „sorgfältig" behandelt zu haben, und fügte erläuternd hinzu: „Ich habe das nämlich im höchsten Schmerz geschrieben, im Schmerz über dem äußerst traurigen Schicksal meiner Tochter." Mit einem Stoßgebet – „Gott möge dir und mir beistehen" – endet der Brief.

Als Leidender schrieb Melanchthon also in den 40er-Jahren über das Leiden. Nahe liegt es deshalb, beides im Zusammenhang zu betrachten: die mit dem Lebensgeschick der Tochter verbundene Leidensgeschichte Melanchthons und die Leidenstheologie seines dogmatischen Lehrbuchs.

Der Stellenwert des Themas für Melanchthon wird schon am Umfang der Abhandlung deutlich. Er gibt ihm dreimal so viel Raum wie beispielsweise der Gottes- oder der Prädestinationslehre. Auch die Ekklesiologie wird auf deutlich weniger Seiten behandelt. Melanchthon fragt nach den Ursachen des Leids und nennt die Erbsünde, die Schwäche der menschlichen Natur und den Teufel. Er fragt, warum die Kirche und die Frommen mehr vom Leiden betroffen sind als die Gottlosen. Insgesamt sieben Gründe zählt er auf, warum zum Christsein Leiden gehöre, darunter dass die Kirche dadurch dem leidenden Gottessohn gleichförmig werde und ein leuchtendes Beispiel wahren Glaubens gebe. Schließlich nennt er noch fünf „Trostgründe", darunter die von Gott dem Leidenden zugesagte Hilfe sowie die Kraft des Gebets.

Melanchthon verfolgte mit seiner Trostlehre das Ziel, dem Christenmenschen das Leid verstehbar – hinsichtlich seiner Ursachen und möglicher Ziele – und ertragbar zu machen, und wollte ihm zeigen, wie man Leid ins Positive wenden und daraus einen Nutzen schöpfen könne. Das Leid wurde von Melanchthon weder negiert noch idealisiert, sondern nüchtern-realistisch betrachtet. Melanchthon entfaltete eine alttestamentliche Leidensfrömmigkeit nach dem Vorbild der Psalmen, aber christologisch ergänzt und von reformatorischen Kerngedanken umgeformt.

Bei Melanchthon findet sich eine überzeugende Kongruenz von Theologie und Lebenspraxis. Seine Theologie verarbeitet religiöse Erfahrungen, eigene und fremde. Manches von dem, was er geschrieben hat, basierte auf ihnen, anderes sah er durch sie bestätigt. Und was er lehrte, stand im Einklang mit dem, was er selbst lebte.

# Die deutsche Ausgabe der Loci

1521 veröffentlichte Melanchthon erstmals sein theologisches Lehrbuch, doch es hat ihn durch sein ganzes Leben begleitet. Es erlebte neue Auflagen und Erweiterungen. Damit reagierte Melanchthon auf die durch den Gang der Reformationsgeschichte neu aufgeworfenen Fragestellungen.

In den Jahren 1543/44 arbeitete er zum dritten und letzten Mal an einer völligen Neufassung des Lehrbuchs. Teilweise griff er dabei auf die zweite Ausgabe von 1535 zurück, vieles formulierte er aber ganz neu. Das Ergebnis hat den doppelten Umfang der Ausgabe von 1535.

Einzelne Veränderungen hat Melanchthon auch noch in späteren Auflagen, bis unmittelbar an seinem Tod vorgenommen. Wer die Theologie des reifen Melanchthon in ihrem Endstadium kennen lernen will, muss zur letzten von ihm bearbeiteten Auflage der dritten Ausgabe greifen aus dem Jahre 1559. In deutscher Übersetzung gibt es sie jedoch nur in Auszügen.

In den Jahren 1552/53 entstand eine von Melanchthon selbst geschaffene deutsche Fassung der Loci, keine Übersetzung, sondern eine gekürzte und vereinfachte Neufassung, gedacht für einen breiteren Publikumskreis. Die Wahl der Sprache wurde von den Reformatoren sorgfältig erwogen. Schon seit 1522 waren deutsche Ausgaben der Loci erschienen, aber Melanchthon hatte sie nicht selbst übersetzt. Als Übersetzer waren Georg Spalatin und Justus Jonas ans Werk gegangen.

Bemerkenswert ist, dass Melanchthon dieses neue Buch einer Frau gewidmet hat, Anna Camerarius, der von ihm wegen ihrer Bildung sehr bewunderten Frau seines Freundes Joachim Camerarius. Das war vielleicht das erste und blieb sicher für lange Zeit das einzige Mal, dass ein Lehrbuch der Theologie einer Frau gewidmet wurde.

Anna Truchseß von Grünsberg stammte aus der Gegend von Nürnberg und hatte Joachim Camerarius 1527 geheiratet. Sie gebar ihm 1528–1546 fünf Söhne und vier Töchter. Melanchthon stand mit ihr in Briefkontakt, doch die Briefe haben sich nicht erhalten. Aus einem Brief des Jahres 1546 an einen Dritten erfahren wir jedoch, dass sie Melanchthon geschrieben hatte. 1531 lobte er in einem anderen Brief an einen Freund ihre Bildung. Vielleicht fand er in ihr, was er an seiner eigenen Frau schmerzlich vermisste. Anna Camerarius erwarb in Wittenberg sogar Bücher und ließ sie sich nach Leipzig bringen. Sie starb im Jahre 1573.

Die Laiendogmatik im Stile eines Katechismus bietet in freier Anlehnung an die lateinischen Loci evangelische Lehre in einer Gestalt, welche die Leser zur Betrachtung anleitet. Der in dem Werk auffallende ständige Rekurs auf die Heilige Schrift zeigt, dass Melanchthon nicht mit Lesern rechnete, die nebenher eine Bibel benutzten. Jeder Artikel beginnt mit einer Definition. Dann folgen längere Erklärungen. Melanchthon schöpft aus der Bibel, aber auch aus der Geschichte und aus den Werken theologischer Autoritäten. Polemische Auseinandersetzungen finden sich mit Andreas Osiander, Thomas Müntzer, den Täufern und dem Trienter Konzil.

Die deutschen Loci wurden letztmals 1558 gedruckt. 1555 hatte Melanchthon erklärt, die von ihm veranstaltete deutsche Ausgabe der Loci sei „besser" als die lateinische. Offenbar hatte er selbst großes Gefallen an den in diesem Buch gebotenen Glaubensmeditationen. Man könnte das Werk auch als theologisches Testament ansehen und ihm deshalb mehr Gewicht beilegen als den späten lateinischen Schriften Melanchthons.

# Trauer um Luther

Luther war seit 1521 an Kursachsen gebunden. Große Reisen konnte der Gebannte und Geächtete nicht unternehmen. 1529 war er in Marburg und 1530 auf der Veste Coburg. Als „Außenpolitiker" der Reformation war aber ansonsten Melanchthon im Einsatz.

In Wittenberg ging Luther weiter seinen Lehrverpflichtungen nach und legte die Bibel aus, predigte auch noch regelmäßig und griff in reformatorische Auseinandersetzungen hier und da durch Schriften ein. Außerdem verfasste er zahlreiche Briefe und Gutachten, mit denen er andernorts Einfluss nahm. Sein großes Werk der Spätzeit war die Übersetzung nunmehr auch des Alten Testaments aus seiner Ursprache, dem Hebräischen, ins Deutsche. Erst 1534 war diese abgeschlossen und die „Luther-Bibel" vollendet. Von Krankheiten gezeichnet, in seinem Wesen ungeduldig und jähzornig geworden, starb Luther am frühen Morgen des 18. Februar 1546 in Eisleben, zufällig in seinem Geburtsort, wohin er gereist war, um einen Streit zu schlichten. Begraben wurde Luther jedoch in Wittenberg, im Innern der Schlosskirche, wo sein Grab noch heute besucht werden kann.

Der Protestantismus war seiner wichtigsten geistlichen Führungsgestalt beraubt. Luther war es weitgehend gelungen, die mit seiner Person verbundene Reformationsbewegung zusammenzuhalten. Ohne ihn mussten nun fast zwangsläufig die Gegensätze im Luthertum aufbrechen. Seine Anhänger meinten alsbald, mit ihrer jeweiligen Sondermeinung den eigentlichen, den wahren Luther zu vertreten. So etwas geschah in der Geschichte häufig nach dem Tode großer Persönlichkeiten.

Vier Tage nach Luthers Tod hielt Melanchthon in der Wittenberger Schlosskirche die Trauerrede. Er stellte Luther in eine Reihe großer Gotteszeugen aus der Kirchengeschichte, die mit Adam begann und über die Propheten zu den Aposteln und schließlich in die neuere Zeit führte. Bezeichnend ist, wen Melanchthon aus dem Mittelalter auswählte: Augustin, Prosper von Aquitanien,

Maximus Confessor, Hugo von St. Viktor, Bernhard von Clairvaux und Johannes Tauler. Und dann sprach Melanchthon noch herausgehoben von den „Großen" der Kirchengeschichte und nannte insgesamt fünf: Jesaja, Johannes den Täufer, Paulus, Augustin und Luther.

Für Melanchthon war Luther ein Werkzeug Gottes, das Gott geschickt hatte, um das Licht des Evangeliums zu erneuern und die Kirche zu sammeln. Er zählte konkrete Dinge auf, welche die Kirche Luther verdanke: die Erneuerung der Bußlehre, die paulinische Rechtfertigungslehre, die Unterscheidung zwischen Gesetz und Evangelium, die Differenzierung zwischen „notwendigen Werken" und menschlichen Zeremonien und Geboten, die Bibelübersetzung und die Bibelauslegung. Melanchthon betonte auch, dass Luther die Lehre vom Gebet erneuert habe, und stellte Luther als Vorbild des Betens heraus, indem er Details aus Luthers täglicher, an den Psalmen orientierter Gebetspraxis berichtete.

Melanchthon scheute sich nicht, auch wunde Punkte anzusprechen. Er erinnerte daran, dass auch Gutwillige – dabei dachte er wohl an Humanisten wie Erasmus, Reuchlin und Willibald Pirckheimer – die Frage aufgeworfen hätten, ob Luther nicht zu grob gewesen sei. Melanchthon enthielt sich – anders als in seinen privaten Briefen – eines persönlichen, öffentlichen Urteils, aber er warb zugunsten Luthers um Verständnis: Die Werkzeuge Gottes seien verschieden und alle Menschen hätten Fehler.

Abschließend charakterisierte er die Situation der Evangelischen folgendermaßen: „Wir sind wie verlassene Waisen, die ihres Vaters beraubt wurden." Vorausschauend fügte er hinzu: „Der Tod großer Führer kündigt oft nachfolgende Konflikte an." So sollte es kommen. Der Kaiser plante bereits, ohne dass es Melanchthon ahnte, den großen Krieg gegen die Reformation.

# Krieg!

Spätestens seit Mai 1545 beabsichtigte Karl V. fest, gegen die Protestanten Krieg zu führen. Die Religionsgespräche waren gescheitert, und der Kaiser hatte im Reich freie Hand, da momentan weder Frankreich noch die Türken seine Kräfte banden. Philipp von Hessen, neben Sachsen die wichtigste protestantische Kraft, war wegen seiner Doppelehe bereits seit längerem ausgeschaltet. Ein Reichstag in Worms im Frühjahr und Sommer 1545 verlief ergebnislos. Die Protestanten lehnten die Teilnahme am gerade beginnenden Konzil ab. Aus Sicht des Kaisers blieb also nur noch der Krieg.

Im Juni 1545 sagte der Papst dem Kaiser militärische – 12.500 Mann für vier Monate – und finanzielle Hilfe – aus dem Vermögen der Kirche – zu. Von Januar bis März 1546 fand in Regensburg noch einmal ein Religionsgespräch statt, an dem Melanchthon aber nicht beteiligt war. Die Protestanten brachen die ergebnislos verlaufenden Verhandlungen ab und reisten nach Hause.

Der Kaiser schmiedete intensiv an seinem Kriegsbündnis und verhandelte mit dem altgläubigen Bayern, versuchte aber auch, mit Erfolg, verschiedene evangelische Fürsten aus der protestantischen Front herauszulösen: Markgraf Hans von Küstrin, Markgraf Albrecht Alkibiades von Brandenburg-Kulmbach und vor allem Moritz von Sachsen. Letzterer ließ sich durch Versprechungen wie die Kurwürde und Gebietserweiterungen in das kaiserliche Lager ziehen.

Am 5. Juni 1546 wurde in Regensburg ein Reichstag unter Beisein des Kaisers eröffnet. Am 16. Juni erklärte Karl V. dort angesichts der nicht mehr zu übersehenden Rüstungsanstrengungen, er werde gegen ungehorsame Fürsten militärisch vorgehen. Am 20. Juli wurde die Reichsacht über Sachsen und Hessen verhängt.

Der erste große Kriegsschauplatz war Oberdeutschland. Während der Kurfürst von Sachsen an der Donau mit dem Kaiser kämpfte, fiel Herzog Moritz im November in das ungeschützte

Nachbarland ein. Zu Jahresende 1546 war der Kaiser Herr über Oberdeutschland und konnte sich nach Norden wenden.

Im Februar 1547 kam es zu Friedensbemühungen. Melanchthon unterstützte sie und mahnte den Kurfürsten zu Besonnenheit. Doch dieser vertraute auf sein Kriegsglück und hoffte auf den Sieg.

Die entscheidende militärische Schlacht fand am 24. April 1547 auf der Lochauer Heide bei Mühlberg an der Elbe statt. Kurfürst Johann Friedrich wurde geschlagen und gefangen genommen. Die Todesstrafe, die ihm eigentlich drohte, ließ der Kaiser aber nicht vollstrecken. Am 19. Mai 1547 wurde die Wittenberger Kapitulation unterzeichnet. Am 4. Juni 1547 wurde die Stadt Wittenberg und die sächsische Kurwürde Moritz zugeteilt. Von nun an war, wenn vom „sächsischen Kurfürsten" geredet wurde, das albertinische Sachsen gemeint und nicht das ernestinische Stammland der Reformation. Am 19. Juni ergab sich Philipp von Hessen, auch er geriet in GefangenschafAm 23. Mai 1547 betrat der siegreiche Kaiser Wittenberg, die Stadt, in der die Reformation den Anfang und viele seiner Probleme ihren Ausgang genommen hatten. Karl ging in die Schlosskirche und stand am Grab Luthers, den er seit 1521 nicht noch einmal gesehen hatte. Er ließ den „Ketzer" nicht, wie man es andernorts zu tun pflegte, ausgraben und posthum verbrennen, sondern bewies Größe, indem er entsprechende Vorschläge seiner Berater zurückwies. Mündlich überliefert wurde sein Ausspruch: „Ich kämpfe mit Lebenden, nicht mit Toten." Ob er das gesagt hat oder nicht, lässt sich nicht beweisen, aber es entsprach auf jeden Fall seiner Einstellung und seinem Verhalten. Einzig und allein Karl V., dem großen Widersacher Luthers, ist es zu verdanken, dass Luthers Grab noch existiert und besucht werden kann. Bei Zwingli und Calvin ist das nicht möglich.

Für Melanchthon waren die Jahre 1546 und 1547 eine bewegende Zeit. Früh erkannte er die Kriegsgefahr. Als die Kampfhandlungen begannen, begriff er das Geschehen als Strafe Gottes für die Sünden der Protestanten. Er sprach aber in privaten Briefen auch davon, dass im Kaiser der Teufel selbst am Werke sei, und glaubte fest, der Kaiser werde letztlich scheitern. In einem Traum kurz nach Kriegsbeginn sah er sich mit seinem Freund Michael Meyenburg, dem Nordhäuser Stadtschreiber, durch eine Regensburger Gasse wandeln und bemerkte, wie ein Mann in einem Kanal versank. Als er näher trat, erkannte er, dass es Karl V. war. Vergeblich versuchte er ihn zu retten. Melanchthon berichtete von diesem Traumerlebnis seinem Freund Veit Dietrich, und dieser schrieb kommentierend an Brenz: „Philipp ist munteren Geistes, er hat gesegnete Träume."

Im August 1546 beteten Melanchthon und seine Kollegen für den sächsischen Kurfürsten und sein Heer. Sie waren der festen Überzeugung, der Kurfürst kämpfe in Notwehr für eine gute Sache, da die Feinde die rechte Lehre vernichten wollten und den Krieg begonnen hätten. Gott sei mit dem Kurfürsten, er führe einen Krieg Gottes. Gelassen vertraute Melanchthon darauf, dass Gott die evangelische Lehre erhalten und der Kaiser seine Ziele nicht erreichen werde. Eine Verharmlosung oder gar Verherrlichung des Krieges war bei Melanchthon allerdings nicht zu finden. Er sah in dem Krieg „ein sehr großes Elend".

Mit der Ausweitung der Kampfhandlungen fürchtete Melanchthon den Untergang der evangelischen Gemeinden und das Zerbrechen des Reiches, er fürchtete den Niedergang der Bildung und den Rückfall in die Barbarei. Da ihm die Hände gebunden waren, blieb ihm nur noch eines: das Gebet. Unermüdlich betete er in jenen dramatischen Monaten für den Frieden und für den Erhalt der Kirche. Nach der Niederlage des Kurfürsten bei Mühlberg wurde Melanchthon durch einen Traum aufgerichtet. Er sah sich in der Wittenberger Stadtkirche an einem Gottesdienst teilnehmen und hörte den Liturgen mit klarer Stimme die vertraute Lektion von der Passion Christi singen. Damit wurde Melanchthon klar, dass das Evangelium erhalten bleiben würde, wenngleich jetzt die Kirche in die Passion, ins Leid, geführt werde.

Als die feindlichen Truppen näher rückten und die Universität Wittenberg im November 1546 geschlossen werden musste, ergriff Melanchthon nach langem Zögern – wie zuvor schon die meisten seiner Kollegen – die Flucht. Stationen seines Exils waren Zerbst, Magdeburg, Braunschweig, Gifhorn, Einbeck und Nordhausen. Mit seinen Gedanken und in seinen Gebeten war er aber weiter in Wittenberg und an der dortigen Universität, an der er beinahe dreißig Jahre lang gewirkt hatte.

# Die Rettung der Universität Wittenberg

Im Zusammenhang der Kriegsvorbereitungen wurde die Universitätsstadt zur Festung ausgebaut. Die Türme der Stadtkirche wurden 1547 gekappt, um auf Plattformen Geschütze aufstellen zu können. Bis heute zeugen die 1556 neu aufgesetzten bescheidenen Turmhauben von diesem Umbau der Kirchen- zu Kanonentürmen. Die Studenten wurden aufgefordert, Wittenberg zu verlassen.

Bereits im Oktober 1546 gab es in Wittenberg keinen ordentlichen Lehrbetrieb mehr. Am 6. November wurde die Universität geschlossen. Als Herzog Moritz von Zwickau kommend nach Wittenberg zog, kam es zur allgemeinen Flucht. Melanchthon ging mit seiner Familie in das neutrale Anhalt, später nach Magdeburg. Nur Professor Eber, Rektor Cruciger und Stadtpfarrer Bugenhagen flohen nicht.

Im April 1547 schrieb Melanchthon aus Altenburg an die verstreuten Wittenberger Professoren, er wolle die Universität baldmöglichst wieder eröffnen und sie sollten sich nicht von anderen Hochschulen abwerben lassen. Nachdem im Juni Wittenberg vom Kaiser dem neuen Kurfürsten übergeben worden war, rief Rektor Cruciger die Professoren zurück.

Im Juli 1547, nachdem die Kriegshandlungen im Wesentlichen beendigt waren, kehrte Melanchthon nach Wittenberg zurück und begab sich damit unter die Herrschaft des neuen Regenten. Der Reformator wollte zurück, er wollte wie zuvor in Wittenberg und nirgendwo sonst der Lehre dienen. Es ging ihm dabei nicht um seine eigene berufliche Absicherung, denn er hatte zwischenzeitlich Angebote aus Heidelberg, Frankfurt/Oder, Königsberg und Kopenhagen erhalten. Melanchthon ging es um Wittenberg und damit zugleich um die Sache der Reformation. Die Universität hatte den Krieg überstanden, wofür Melanchthon Gott dankte. Er sah darin eine Erhörung seiner Gebete. Allerdings hatte die Universität ihren Besitzer gewechselt, und der neue Eigentümer brauchte sie eigentlich nicht, weil ihm bereits die Universität Leipzig gehörte. Eine Schließung der Universität Wittenberg war denkbar, ja wahrscheinlich, da durch territoriale Umstrukturierungen als Folge des Krieges der Universität auch ihre Geldeinnahmequellen verloren gegangen waren. Wichtige Finanzquellen lagen bei Allstedt und im Mansfeldischen, also nunmehr im Ausland.

Melanchthon aber wollte Wittenberg, das alte Zentrum der Reformation als festes Zentrum evangelischer Lehre erhalten. Er war bereit, auch unter dem Verräter Moritz seinen Dienst zu tun. Die Alternative, die ihm angeboten worden war, nach Jena zu gehen und die dort neu gegründete Universität der Ernestiner, des neuen Herzogtums Sachsen, mitaufzubauen, kam für ihn nicht in Frage. Er unterstützte die ernestinische Neugründung, die Ersatz- und Nachfolgeuniversität für Wittenberg, gab aber Wittenberg selbst den Vorrang.

Die entscheidenden Schritte erfolgten im Juli 1547 auf dem Landtag zu Leipzig, In einer Denkschrift verlangten Melanchthon und seine Kollegen die finanzielle Sicherung sowohl Leipzigs als auch Wittenbergs. Wittenberg sei unentbehrlich für die geistliche Aufsicht im Kurkreis. Verwiesen wurde auch auf die dort stattfindenden Ordinationen für Kurbrandenburg, Schlesien, Böhmen und Ungarn. Ferner erinnerten sie an die mit Wittenberg verbundene Bibelübersetzung und an die Gräber der Kurfürsten in der Stadt. Der neue Kurfürst versprach darauf, Wittenberg zu erhalten. Die Verhandlungen um die finanziellen Dinge zogen sich aber noch bis 1548 hin.

Melanchthons Einsatz ist es zu verdanken, dass Moritz die Universität Wittenberg fortgeführt hat. Erst 1817 wurde sie von Preußen geschlossen. Melanchthons Engagement hat sich gelohnt. Die Studentenzahlen stiegen stetig. Während es zwischen 1533 und 1537, zur Zeit Luthers, 1199 Immatrikulationen gab, waren es 1548–1552 mehr als doppelt so viele, nämlich 3041. Und zwischen 1568 und 1572 immatrikulierten sich sogar 3540 Studenten in der Stadt der Reformation. Noch wichtiger war die Tatsache, dass in Wittenberg während der ganzen Interimszeit evangelisch gelehrt wurde. Auch dies war Melanchthon zu verdanken. Die beiden kursächsischen Universitäten Wittenberg und Leipzig waren Universitäten im Geiste Melanchthons. In Jena dagegen etablierte sich ein Luthertum, das lutherischer als Luther selbst sein wollte.

# Augsburger Interim und „Leipziger Interim"

Von September 1547 bis Juni 1548 fand wieder einmal in Augsburg ein Reichstag statt, der gelegentlich als der „geharnischte Reichstag" bezeichnet und damit auch zutreffend charakterisiert wird. Die Zeit der Schonung war für die Protestanten endgültig vorbei, es ging hart zur Sache. Aber auch die Katholiken sollten nach dem Willen des Kaisers Zumutungen tragen.

Karl V. wollte ein für das ganze Reich gültiges Religionsgesetz erlassen, das den Protestanten einige wenige Zugeständnisse machte (Priesterehe; Laienkelch; Messopfer als Gedenk- und Dankopfer, nicht als Sühnopfer; Aufhebung der Privatmessen), aber insgesamt bei der alten Lehre blieb. Immerhin hätten die Altgläubigen dabei um der Einheit willen auch Abstriche machen müssen, eine wenigstens rudimentäre Kirchenreform wäre erfolgt. Doch der Kaiser konnte dieses Vorhaben trotz harter Verhandlungen gegen die altgläubigen Reichsstände nicht durchsetzen. Daraufhin verfolgte er eine neue Strategie, nämlich ein Religionsgesetz nur für die protestantischen Territorien zu erlassen. So wurde die Sache schließlich im Mai 1548 dem Reichstag vorgetragen, ohne Verlesung der Einzelbestimmungen des geplanten Gesetzes. Im Juni traten die Bestimmungen mit der Aufnahme in den Reichstagsabschied in Kraft.

Dieses Sondergesetz für die protestantischen Territorien wird Augsburger Interim genannt. Es heißt so, weil es nur interimistisch bis zu einer endgültigen Entscheidung über die kirchlichen Streitthemen durch ein Konzil gelten sollte. Immer dann, wenn der Kaiser sah, dass er aus eigener Kraft die kirchliche Einheit nicht wiederherstellen konnte, setzte er erneut auf das Konzil. Bis zur Entscheidung durch das Konzil wurde den Protestanten nur der Laienkelch und die Tolerierung bereits geschlossener Priesterehen zugestanden, im Übrigen aber katholischer Brauch und katholische Lehre wie die von der Rechtfertigung als Folge der geschenkten Liebe (donum caritatis) vorgeschrieben. Die besiegten

Stände wurden außerdem dazu gedrängt, das Konzil anzuerkennen. Es kam deshalb zur Teilnahme evangelischer Vertreter an der 2. Periode des Konzils.

Für Melanchthon war das Augsburger Interim völlig unannehmbar, weil es die evangelische Lehre nicht mehr zuließ. In mehreren, auch im Druck veröffentlichten Gutachten hat er seine Position mutig offen ausgesprochen. Er hat die Ablehnung des Interims brieflich auch seinen Schülern und Freunden empfohlen.

In vielen Territorien, zum Beispiel in Süddeutschland, wurde das Interim konsequent befolgt und teilweise sogar die volle katholische Ordnung wiederhergestellt. Eine Schwierigkeit bestand allerdings darin, dass vielerorts gar nicht mehr genug Priester vorhanden waren, welche die traditionellen kirchlichen Riten hätten durchführen können. Mancherorts wurde passiver Widerstand geübt. Viele reformatorisch gesinnten Pfarrer versteckten sich oder wählten die Flucht. In Norddeutschland war die Lage anders, weil die kaiserliche Macht in Form von Soldaten fern war. Der Kaiser konnte sich nur dort durchsetzen, wo er selbst mit seinen Truppen präsent war oder wo er einen treuen und mächtigen Partner hatte. Offen verweigert haben die Annahme des Interims Magdeburg und Straßburg.

Das Verhalten der Pfarrer, der Theologen und der protestantischen Obrigkeiten in dieser komplizierten Situation war eine schwierige Frage der theologischen Ethik. Welche Alternativen gab es nach der Niederlage? 1. konnte man sich fügen, die Interimsbestimmungen annehmen und auf das Konzil hoffen. Das geschah in Württemberg. Von Melanchthon wurde dieses Verhalten aber abgelehnt, nicht nur im eigenen Umfeld, sondern generell. 2. konnte man aktiv oder passiv Widerstand leisten. Das funktionierte angesichts der Übermacht der Gegner nur eine Zeit lang und war riskant. Magdeburg wurde deswegen belagert. 3. gab es für Pfarrer und Universitätslehrer die Möglichkeit der Flucht oder des Untertauchens. Brenz, Bucer, Osiander und viele andere sind diesen Weg gegangen. Von Melanchthon wurde auch er verworfen, denn wer flieht, rettet sich, lässt aber die Gemeinden im Stich. 4. und letztens konnte man versuchen, auf regionaler Ebene Sonderbestimmungen, einen Kompromiss, ein gemäßigtes Interim auszuhandeln. Diesen Weg empfahl Melanchthon für Kursachsen und für Brandenburg.

Melanchthons Ziel war es, die reformatorischen Anliegen zu bewahren, insbesondere die evangelische Rechtfertigungslehre und die Beseitigung der katholischen Messe. Dafür war er in anderen Bereichen bereit Zugeständnisse zu machen: Akzeptierung der sieben Sakramente, der Bilder, des Fastens, der Messgewänder, der Feiertage. Diese Dinge bezeichnete er als Adiaphora, als „Mitteldinge", als Dinge, die zwischen gut und böse liegen, also weder gut noch böse, sondern gleichgültig sind. Melanchthon war zu äußerlichen Zugeständnissen bereit, um die evangelische Lehre und Predigt zu retten und für Kursachsen zu verhindern, was in Süddeutschland bereits geschah. Die Kurzformel lautete: In der Lehre evangelisch, in der äußerlichen Praxis aber katholisch. Die Gefahr dabei war, dass durch die äußerlichen Gebräuche das Volk auch innerlich wieder zum alten Glauben zurückgeführt würde.

In Leipzig wurden unter Melanchthons Beteiligung entsprechende Bestimmungen ausgearbeitet. Geplant war ein regionales Religionsgesetz, um dem Augsburger Interim ausweichen zu können. Dieses später so genannte Leipziger Interim, eine irreführende Bezeichnung, hat Melanchthon nicht geschaffen, aber er hat seit Juli 1548 daran mitgearbeitet. Als Beschlussvorlage wurde das Gesetz dem Leipziger Landtag im Dezember 1548 vorgelegt und fand auch die Zustimmung der Ständemehrheit. Aber es wurde nicht rechtskräftig verabschiedet und war somit nie in Kraft. Das Augsburger Interim dagegen war gültiges Reichsrecht. Auch deshalb sind Augsburger und Leipziger Interim nicht auf derselben Ebene anzusiedeln.

Der kursächsische Plan wurde nicht weiterverfolgt und nicht in die Praxis umgesetzt, weil sich Moritz bereits wieder politisch neu zu orientieren begann. Auch in der Kirche wurden die Weichen bald schon neu gestellt. Paul III. starb am 10. November 1549, im Zerwürfnis mit dem Kaiser. Anfang 1550 wurde in Rom ein neuer Papst gewählt, Julius III., der ein gutes Verhältnis zum Kaiser suchte und schon bei seiner Wahl versprach, das Trienter Konzil wieder einzuberufen. Damit schien plötzlich der Weg zur Einigung auf der kirchlichen Ebene wieder offen zu sein.

Die kursächsischen Interimspläne und Melanchthons Beteiligung an dem Vorhaben weckten laute Protestschreie. Melanchthon wurde von seinen Gegnern mit Vorwürfen überschüttet. Sie behaupteten, er habe sich mit Geld bestechen lassen. Man beschimpfte den großen Reformator und Theologen als den „Grammatiker (Sprachlehrer) von Wittenberg", machte ihm also seine theologische Kompetenz streitig. Auch die von den Gegnern geschaffene Bezeichnung „Leipziger Interim" war polemisch. Die Formulierung sollte einen Zusammenhang mit dem allseits verurteilten Augsburger Interim herstellen, den es so nicht gab. Die Leipziger Pläne waren nicht eine gemäßigte Ausgabe des Augsburger Interims, sondern etwas grundlegend anderes.

Infolge des Streits ab 1548 wurde auch Melanchthons früheres Wirken, zum Beispiel beim Augsburger Reichstag 1530, im Lichte des aktuellen Konflikts kritisch betrachtet. Die Folge war ein großer Ansehensverlust Melanchthons. Er trug bleibenden Schaden davon, und die Angelegenheit hat Auswirkungen auf die Beurteilung Melanchthons bis in die Gegenwart.

Der Streit um das Interim und um die Adiaphora war die erste große von vielen, späteren theologischen Streitigkeiten innerhalb des Luthertums. Die meisten Konflikte tangierten in irgendeiner Weise Melanchthon. Entweder war er Partei oder er suchte zu vermitteln.

# Streit um „Nebensächlichkeiten"

Der interimistische oder adiaphoristische Streit begann 1548, endete aber nicht mit dem Ende der Interimszeit 1552, sondern setzte sich danach noch fort und vermischte sich mit verwandten Themen. Die Bezeichnung „interimistisch" nennt den historischen Anlass, die Bezeichnung „adiaphoristisch" das Thema. Es ging um Nebensächlichkeiten, die von einigen aber für wichtig erachtet wurden.

Der Hauptstreiter, der Hauptgegner Melanchthons, war Matthias Vlacich aus Istrien, das damals zu Venedig gehörte, der Sohn eines Kroaten und einer Italienerin, der latinisiert Matthias Flacius Illyricus genannt wurde. Er lebte von 1520–1570 und war Luther- und Melanchthonschüler. 1541 war er als Glaubensflüchtling nach Wittenberg gekommen. 1544 schon erhielt er eine Hebräischprofessur. 1548 vertrat Flacius die Auffassung: Nihil est adiaphoron in casu confessionis et scandali. Wenn es um das Bekenntnis geht, gibt es keine nebensächlichen Äußerlichkeiten. Flacius hatte es leicht, diese Position zu vertreten, da er geflohen war und keine Verantwortung für die Kirchenpolitik eines Territoriums hatte. Seine Professur hatte er aufgegeben, die Studenten im Stich gelassen und war in das geächtete Magdeburg gezogen.

Im April 1549 publizierte Flacius eine erste Schrift gegen Melanchthon, und im Juni folgte ein langer, ebenfalls im Druck verbreiteter Brief. Auch Theologen aus Hamburg sowie der Reformator des Fürstentums Braunschweig-Calenberg-Göttingen, Antonius Corvinus, griffen zur Feder und traten auf die Seite des Flacius. Melanchthon reagierte im Oktober 1549 mit einem offenen Brief. Er war in lateinischer Sprache und nicht für das Volk bestimmt. Eine erneute Streitschrift des Flacius ließ Melanchthon dann unbeantwortet. Das Problem jedoch blieb ungelöst.

Flacius war ein von Natur aus streitsüchtiger Mensch. Das zeigt seine spätere Entwicklung. 1557 bekam er einen Lehrstuhl in Jena, der ernestinischen Ersatzuniversität für Wittenberg. Von dort wurde er aber 1561 vertrieben, weil er die landesherrliche Kirchengewalt kritisiert hatte. Später überwarf er sich auch noch mit seinen Anhängern, weil er zu lehren begann, der Mensch sei wesenhaft böse, die Erbsünde sei die „Substanz" der gefallenen menschlichen Natur. Von da an galt er auch unter strengen Lutheranern als Ketzer. Als er starb, wurde ihm ein kirchliches Begräbnis verweigert. Geschätzt wurde und wird Flacius aber auch heute noch als Bahnbrecher der Geschichtskunde. Er hat, übrigens aus ganz und gar apologetischen Gründen, die berühmten Magdeburger Zenturien verfasst, die erste umfassende Kirchengeschichtsdarstellung seit der Spätantike. Die Anregungen für dieses Primärquellen zusammenstellende Werk verdankte er weitgehend seinem Lehrer Melanchthon.

Der adiaphoristische Streit dauerte viele Jahre. Er beeinflusste das Wormser Religionsgespräch 1557, den Frankfurter Rezess 1558 und das Weimarer Konfutationsbuch 1559. Doch das alles waren und blieben Nebensächlichkeiten verglichen mit den großen theologischen und kirchenpolitischen Fragen, die Evangelische und Katholiken trennten.

# Auf dem Weg zum Konzil

Ursprünglich hatten sowohl die Reformatoren und die evangelischen Stände als auch der Kaiser ein Reformkonzil gefordert, aber die Päpste – Leo X., Hadrian VI. – verweigerten sich. Auch Clemens VII., der 1523–1534, also in den Entscheidungsjahren der Reformation regierte, sperrte sich, wodurch er der katholischen Kirche sehr geschadet hat. Ein Reformkonzil in der Anfangszeit hätte der Reformation möglicherweise Einhalt geboten. Clemens jedoch fürchtete um den Herrschaftsanspruch des Papsttums und hatte persönlich Angst wegen seiner ungeordneten, unehelichen Herkunft. Als endlich ein Papst einwilligte, war die Reformation so weit gediehen und hatte sich die theologische Ansicht der Reformatoren so verändert, dass die evangelische Seite kein Konzil unter Leitung eines Papstes mehr wollte. Die Evangelischen forderten ein „freies" und „christliches", das heißt vom Papst unabhängiges und allein an der Bibel orientiertes Konzil. Auf Druck des Kaisers wurde schließlich 1535 von Paul III. ein Konzil nach Mantua einberufen. Mangels Teilnehmern kam es nicht zustande. Melanchthon war unter den Evangelischen einer von wenigen, die für eine Beteiligung plädiert hatten.

Ein neuer Versuch war die Einberufung eines Konzils durch Paul III. auf den 1. Dezember 1542. Doch es gab wieder Verzögerungen, drei volle Jahre lang, bis es schließlich 1545 in Trient tatsächlich zusammentrat. Der Ort gehörte noch zu Deutschland, lag aber Rom relativ nahe. Dies hatte eine symbolische Bedeutung, aber wegen der Kommunikationswege auch praktische Aspekte. Kaiser und Papst verfolgten mit dem Konzil unterschiedliche Ziele. Der Kaiser wollte Kirchenreformen erreichen um die Kirchen- und Reichseinheit zu sichern, der Papst aber lediglich die Verurteilung der Protestanten bekräftigen.

Beherrscht wurde das Trienter Konzil von spanischen und italienischen Bischöfen. Deutschland war schlecht repräsentiert. Unter den Bischöfen gab es episkopalistische Strömungen und eine kurialistische Partei, die sich in der Frage der Stellung des Papstes uneins waren. Theologisch standen sich Thomisten (Dominikaner) und Scotisten (Franziskaner) gegenüber.

1545–1547, bei der ersten Tagungsperiode unter Paul III., waren keine Evangelischen beteiligt. Verabschiedet wurden dogmatische Dekrete, welche die evangelische Lehre verurteilten. Sie waren folgenreich bis in die Gegenwart und ein wesentlicher Faktor der Kirchenspaltung. Im März 1547 hat der Papst das Konzil nach Bologna verlegt, um es dem Einfluss des infolge seiner militärischen Erfolge in Deutschland mächtiger gewordenen Kaisers zu entziehen. Doch es kam rasch in Auflösung, weil als Folge des Krieges ein Konzil nicht mehr nötig zu sein schien. Die Protestanten waren geschlagen und mussten nicht mehr verurteilt werden, und der Ruf nach Kirchenreform hatte sich damit auch erledigt.

In der zweiten Periode 1551–1552 tagte das Konzil wieder in Trient unter Julius III. Es versammelte sich auf Druck des Kaisers nach seinem militärischen Erfolg, denn Karl V. wollte immer noch die Erneuerung der Kirche. Es war die einzige Phase, in der die Protestanten, gezwungenermaßen, einbezogen waren. Sie schrieben dafür, wie 1530, neue Bekenntnisse. Melanchthon legte für das neue Kursachsen die Confessio Saxonica vor, Johannes Brenz für Württemberg die Confessio Virtembergica, an der auch Straßburg beteiligt war. Doch während Brenz wirklich in Trient war, saß Melanchthon auf dem Weg dorthin Anfang 1552 wegen der erneuten Kriegshandlungen in Nürnberg fest, vergeblich auf nähere Anweisungen seines Landesherrn wartend. Am 8. März trat er die Heimreise an. Infolge des neuen Krieges löste sich das Konzil wieder auf, denn die Protestanten hatten, nachdem die Bedrohung geschwunden war, kein Interesse mehr und der Kaiser hatte an Macht eingebüßt. Während der kurzen Sitzungsperiode wurde die schon 1215 dogmatisierte Transsubstantiationslehre bekräftigt und die Genugtuung (satisfactio) als notwendiger Teil des Bußsakraments festgeschrieben. Melanchthon war 1552 willens, in Trient den evangelischen Standpunkt zu vertreten. Er war aber auch entschlossen, sofort wieder abzureisen, falls in Trient nicht früher gefasste, für ihn unannehmbare Konzilsbeschlüsse wieder aufgehoben würden.

Melanchthon wollte die Einheit der Kirche, aber er wollte sie nicht um jeden Preis und nicht auf jede Weise. Dies hing mit seinem Kirchenverständnis zusammen. Im sächsischen Bekenntnis von 1551 wird das Thema Kirche ausführlich behandelt. Melanchthon wiederholt und präzisiert die zentralen ekklesiologischen Überzeugungen der Reformation, wie sie in klassischer Weise im Augsburger Bekenntnis niedergelegt worden waren. Die Kirche ist für Melanchthon sichtbar und nicht unsichtbar, und sie ist dort, wo das Evangelium verkündet und die Sakramente – Taufe und Abendmahl – gespendet werden. Dieser sichtbaren Kirche gehören wahrhaft Glaubende an, aber auch Menschen, die den wahren Glauben nicht haben. Damit grenzte sich Melanchthon von der römischen Position ab, die der hierarchischen Amtsstruktur eine wesentliche Bedeutung zukommen ließ, aber auch von den Täufern, die nur wahrhafte Christen in ihrer Kirche haben wollten, und von Spiritualisten wie dem Reformator Schlesiens, Kaspar von Schwenckfeld, für den die Kirche eine unsichtbare, im Geist verbundene Gemeinschaft von wahrhaft Glaubenden war. Für die Einheit der Kirche war es aus Melanchthons Sicht nicht erforderlich, dass alle in allem übereinstimmten. Unterschiedliches Brauchtum und unterschiedliche Weisen, Gottesdienst zu feiern, durfte es durchaus geben. Klar abgelehnt wurden von ihm aber unbiblische, widergöttliche Praktiken wie die „Anrufung toter Menschen", gemeint waren die Heiligen, oder die Behauptung, Konzilien könnten nicht irren. In aller Deutlichkeit grenzte sich das sächsische Bekenntnis von diesen und anderen für die katholische Kirche wichtigen Traditionen ab.

Melanchthon hatte also ein anderes Verständnis von Ökumene als viele Christen heute. Er wollte nicht das friedliche Miteinander getrennter Kirchen, sondern strebte wirklich die Einheit an. Es gab für ihn nur eine wahre Kirche, nur eine wahre Lehre. „Versöhnte Verschiedenheit" war für ihn denkbar im Bereich des nicht der Heiligen Schrift widersprechenden Brauchtums, aber nicht in Kernfragen der theologischen Lehre und der kirchlichen Praxis.

1562–1563, in ihrer dritten Periode, tagte die Kirchenversammlung unter Pius IV., einem Papst, der das Konzil und die Reform seiner Kirche im Gegensatz zu den früheren Päpsten wirklich wollte. Es war bereits von Jesuiten beherrscht, einem neu entstandenen, die Bildung fördernden und die Reformation bekämpfenden Orden. Für die katholische Kirche war es die wichtigste und fruchtbarste Konzilsperiode. Zahlreiche Erneuerungsdekrete wurden verabschiedet, welche die „katholische Reform" (Hubert Jedin) einleiteten. Die bischöfliche Jurisdiktion gegenüber den Klöstern wurde gestärkt, die Residenzpflicht der Bischöfe gefordert, Visitationen angeordnet, die Reform der Messe vorangebracht, eine verstärkte Seelsorge angeordnet und die Ausbildung der Geistlichen verbessert.

Die Hauptergebnisse des Trienter Konzils waren die Konsolidierung der katholischen Kirche und die Abweisung des Protestantismus sowie die Ausformulierung zentraler katholischer Dogmen, ferner die praktische Kirchenreform, vor allem die Reform des geistlichen Standes. Die Reform des Papsttums wurde ausgeklammert. Wichtige Einzelentscheidungen waren die Anerkennung der Vulgata als die verbindliche Übersetzung, die Festlegung von Schrift und Tradition als Offenbarungsquellen, die Definition einer synergistischen Rechtfertigungslehre und die Festlegung der Siebenzahl der Sakramente. Ablass sollte es hinfort nicht mehr für Geld geben.

Dem Trienter Konzil gelang die Reform der Kirche, wenn auch nicht „an Haupt und Gliedern", wie es seit hundert Jahren gefordert worden war. Der konsolidierte Katholizismus machte sich bereit zur Gegenreformation, zur Zurückdrängung des Protestantismus mit allen Mitteln, mit den Mitteln der Argumentation und der Bildung ebenso wie mit Mitteln der Gewalt. Doch die politische Entwicklung setzte mit der Errichtung eines Religionsfriedens der Gegenreformation von Anfang an Grenzen.

# Der Augsburger Religionsfriede

Mit der Niederlage der Protestanten im Schmalkaldischen Krieg und mit dem Augsburger Interim schien für viele das Ende der Reformation gekommen zu sein. Doch es kam anders. Für eine unerwartete Wende zugunsten der Protestanten sorgte der frühere Verräter, der „Judas von Meißen", Moritz von Sachsen. Er war ein richtiger Wendehals, nicht wegen schwankender Überzeugungen, sondern wegen äußerlicher Vorteile und Interessen. Karl V. hatte Philipp von Hessen, dessen Schwiegersohn Moritz war, entgegen früheren Versprechungen gefangen gesetzt und Moritz versprochene Gebiete und die zugesagte Schutzherrschaft über Magdeburg und Halberstadt vorenthalten. Moritz wandte sich deshalb gegen den Kaiser.

Schon die Belagerung des evangelischen, renitenten Magdeburgs war ein Täuschungsmanöver des Albertiners, das vor allem einen Zweck hatte, das Geld des Kaisers aufzubrauchen und Zeit für Verhandlungen zu gewinnen. Bereits 1550 nahm Moritz Verbindung zu Frankreich auf und schloss im Januar 1552 ein geheimes Bündnis mit dem Erzfeind des Kaisers. Dann griff er an und schlug den Kaiser militärisch im Mai 1552 bei Innsbruck. Das edle Blut konnte nur noch Hals über Kopf über die Alpen fliehen, um seiner Gefangennahme zu entgehen. Weder Bayern noch Österreich unterstützten den Kaiser in dieser peinlichen Situation, weil Karl V. 1551 souverän beschlossen hatte, langfristig die Kaiserwürde nicht für Ferdinand, sondern für seinen Sohn Philipp anzustreben. Dadurch war ein Zerwürfnis zwischen den spanischen und den österreichischen Habsburgern entstanden, das sich nun zu Ungunsten Karls auswirkte. Er stand allein.

Schon als sich die Niederlage des Kaisers im „Fürstenkrieg" anbahnte, wie der neuerliche Waffengang genannt wird, war sein Stellvertreter Ferdinand zu Verhandlungen mit den Krieg Führenden bereit. Im Juni 1552 einigte man sich in Passau auf einen Vertrag, der den Evangelischen bis zum nächsten Reichstag, der innerhalb eines halben Jahres einberufen werden sollte, einen Stillstand gewährte. Die Reformation war damit gerettet. Moritz starb am 11. Juli 1553 bei Sievershausen in einer Schlacht mit Markgraf Albrecht Alcibiades von Brandenburg.

Wie hat Melanchthon diese dramatische Zeit erlebt? Der Erhalt der Kirche und der Studien war sein wichtigstes Anliegen während der Interimszeit und während des Fürstenkriegs. Dafür betete er inständig, und er schrieb viele Trostbriefe an innerlich angefochtene und äußerlich bedrängte Schüler und Freunde.

Das Jahr 1552 begann er mit einem Dankgebet für die bisherige Bewahrung der Kirche und mit der Bitte um göttliche Führung und Bewahrung auch im neuen Jahr. Johannes Mathesius, an den er diesen Brief richtete, schärfte er ein, „beharrlich" für die Kirche zu beten gemäß dem Psalmwort (Ps 122,6) „Wünschet Jerusalem Frieden!" Doch auf den erneuten Kriegsausbruch im Frühjahr 1552 reagierte Melanchthon tief betroffen und voller Ängste und rechnete sogar mit dem Untergang des Reiches. Er betete um die Linderung der göttlichen Strafen und legte die Zukunft der Kirche und sein persönliches Schicksal in Gottes Hand. Auch nach seinem für die Protestanten glücklichen Ende missbilligte Melanchthon den Fürstenkrieg, freute sich aber über den wiederhergestellten Frieden und dankte Gott dafür.

Auf Dezember 1554 wurde von Karl V. der in Passau vereinbarte Reichstag, wieder einmal nach Augsburg, einberufen. Am 5. Februar 1555 wurde er schließlich eröffnet. Melanchthon war nicht zugegen. Auch der Kaiser kam nicht, die Leitung hatte er Ferdinand übertragen. Nach monatelangen ergebnislosen Verhandlungen ergriff das neue, albertinische Kursachsen die Initiative und erreichte schließlich, dass dieser Reichstag einen Religionsfrieden schuf. Der Kaiser und der König hatten eigentlich andere Ziele gehabt.

Am 25. September 1555 kam es zur Friedensdeklaration. Sie enthielt folgende Bestimmungen:

1. Kein Reichstand durfte künftig wegen seiner Zugehörigkeit zur alten Kirche oder zur Confessio Augustana bekriegt werden. Damit war ein dauerhafter Frieden garantiert. Es erfolgte also kein Ausgleich im Glaubensstreit, wie jahrzehntelang immer wieder neu versucht worden war, sondern es wurde lediglich eine weltliche Friedensordnung geschaffen. Die Täufer sowie

die Zwingli- und Calvinanhänger waren davon aber ausge-
nommen. Erst 1648, beim Friedensschluss von Münster und
Osnabrück, wurde der Religionsfrieden auf die Calvinisten
ausgedehnt.

2. Die Landesherren bekamen das Reformationsrecht (ius refor-
   mandi). Sie hatten nunmehr die Freiheit, sich für das eine oder
   für das andere Bekenntnis zu entscheiden. Dies war ein Schritt
   zur Religionsfreiheit. Gleichzeitig wurde damit der Anspruch
   auf die Einheitlichkeit des Reiches aufgegeben. Die Territorialgewalten wurden im Verhältnis zum Reichsganzen gestärkt.

3. Die Untertanen mussten dem Bekenntnis des Landesherrn
   folgen. Es galt der Grundsatz: Cuius regio, eius religio. Wer
   regiert, bestimmt die Religion. Augsburg hat keine wirkliche
   Religionsfreiheit, keine Religionsfreiheit für alle geschaffen. Die
   Territorialgewalten wurden auch gegenüber den Untertanen
   gestärkt. Die Untertanen durften aber auswandern, wenn ihnen
   die Religion des Landesherrn nicht passte. Das war das erste
   allgemeine Grundrecht im Reich.

4. Für geistliche Fürsten galt ein „reservatum ecclesiasticum", ein
   geistlicher Vorbehalt. Ein Fürstbischof, der zum Protestantismus übertrat, sollte seiner geistlichen Würde und seiner Ter-
   ritorialbesitzungen verlustig gehen. Ereignisse wie in Köln und
   in Osnabrück konnten damit unterbunden werden und wurden
   dauerhaft verhindert. Ihre einzigartige politische Macht blieb
   den katholischen Bischöfen Deutschlands erhalten bis zu Beginn des 19. Jahrhunderts.

5. Die katholischen Minoritäten in den protestantischen Reichs-
   städten sollten von den Protestanten geduldet werden und umgekehrt. Das war ein echter Ansatz zur Toleranz. In der Praxis,
   zum Beispiel bei der gemeinsamen Benutzung einer Kirche
   (Simultaneum), waren bikonfessionelle Strukturen aber äußerst
   konfliktträchtig und verstärkten eher die Feindschaft zwischen
   den Konfessionen als die Toleranz.

Diese Bestimmungen waren nicht als Dauerregelung gedacht, sondern wieder einmal nur bis zur immer noch erhofften Einigung
in den theologischen Streitfragen. Maßgebliche Politiker glaubten
weiterhin, eine theologische Einigung könnte und sollte ange-
strebt werden. Bereits für März 1556 wurde deshalb ein weiterer

Reichstag geplant, der über die Religionsfrage verhandeln sollte. Er kam aber nicht zustande.

Kaiser Karl jedoch hatte damals bereits innerlich resigniert und dankte noch 1555 während des Reichstags ab. Als ein Gescheiterter verließ er die Bühne der Weltgeschichte. 1558 ist er im fernen Spanien gestorben. Sein Bruder Ferdinand trat, wie es ursprünglich geplant war, die Nachfolge an, was 1558 von den Kurfürsten bestätigt, vom ob des Friedens mit den „Ketzern„ zürnenden Papst aber nicht anerkannt wurde. Die einst enge Beziehung zwischen dem Heiligen Römischen Reich Deutscher Nation, das nun teilweise evangelisch war, und dem Papsttum war infolge der Reformation dauerhaft gestört.

Von Melanchthon gibt es nur wenige Äußerungen zu diesem Friedensschluss. Es war für ihn, der jahrzehntelang Verhandlungen und Abkommen erlebt hatte, die doch nie lange Bestand hatten, nicht absehbar, dass dieser Tag später tatsächlich als Abschluss der Reformationsgeschichte erscheinen würde. Außerdem war Melanchthon damals stark mit innerprotestantischen Streitigkeiten beschäftigt. Im September und Oktober weilte er in Nürnberg zur Schlichtung eines innerevangelischen Konflikts.

Am 29. September, in einem Brief an den Leipziger Professor Ulrich Mordeisen, finden wir Worte der Andacht anlässlich des wenige Tage zuvor erfolgten Friedensschlusses. Melanchthon zitiert ein Jesajawort (Jes 51,16): „Ich habe mein Wort in deinen Mund gelegt und habe dich unter dem Schatten meiner Hände geborgen." Daran schließt er folgende Überlegungen an: „Es ist ganz sicher, dass es die Kirche Gottes gibt, eine obschon kleine Schar, die die Stimme des Evangeliums hört, und es ist ganz sicher, dass sie von der Rechten Gottes auch unter äußerlichen Wirren bewahrt wird, wie wir in diesen dreißig Jahren gesehen haben, dass die Länder gnädig bewahrt wurden, in denen die Stimme der evangelischen Lehre erklingt, und dass die göttlichen Strafen gelindert wurden. Diese Wohltaten des Gottessohnes wollen wir anerkennen und dankbar preisen und uns ihm anempfehlen. Ich meine, dass auch dies eine Wohltat Gottes ist, dass nun der Augsburger Reichstag auf eine erfreuliche Weise geendet ist. Wir wollen auch den Sohn Gottes bitten, dass er uns ferner leite." Melanchthon wertete das Ergebnis also positiv und dankte Gott dafür.

Die Augsburger Regelungen hatten dauerhaft Bestand und bescherten Deutschland die bislang längste Friedensperiode seiner Geschichte. Sie währte von 1552 an gerechnet 66 Jahre, bis 1618, als der Dreißigjährige Krieg begann. Und Melanchthons Bekenntnis von 1530, die Confessio Augustana, war – in der Fassung von 1540 – in den Rang eines Verfassungsdokumentes des Reiches erhoben worden.

# Noch einmal: Religionsgespräche

Ein letztes Mal kam es im Jahre 1557 zu einem Religionsgespräch. Der Augsburger Reichstag hatte 1555 beschlossen, weiterhin eine inhaltliche Einigung in der Religionsfrage anzustreben. Das sollte nunmehr nach längeren Verzögerungen in Angriff genommen werden.

Melanchthon reiste widerwillig zu diesem Gespräch nach Worms. Am 28. August traf er zusammen mit weiteren Wittenberger Theologen, darunter Peucer und Eber, dort ein. Eine andere evangelische Delegation kam aus Jena, wo seit einigen Monaten Flacius wirkte. Er reiste nicht selbst nach Worms, schickte aber eine umfangreiche Denkschrift an die evangelischen Delegierten, die herumgereicht, aber zunächst nicht geöffnet wurde. Alle fürchteten sich vor dem vermuteten explosiven Inhalt.

Die erste interne Versammlung der Evangelischen fand am 5. September statt. Für die Jenenser Delegation sprach Erhard Schnepf, der die namentliche Verurteilung der Irrlehrer, auch aus dem evangelischen Lager, forderte. Als er auf die Adiaphora anspielte, reagierte Melanchthon gereizt. Alle anwesenden Evangelischen waren sich zwar einig, dass der Zwinglianismus zu verurteilen sei, aber ob man auch Georg Major mit seiner anderen Sicht der guten Werke und Andreas Osiander mit seiner anderen Sicht der Rechtfertigung verurteilen und namentlich nennen sollte, war mehr als strittig.

Am 11. September trafen sich die Delegierten zur ersten Plenarsitzung mit den Altgläubigen, zu denen als prominentester Theologe Petrus Canisius gehörte, der Führer der Jesuiten in Deutschland. Die Katholiken verlangten von den Evangelischen eine ausdrückliche Verurteilung aller falschen Lehren und brachten sie damit in eine schwierige Situation, denn nach wie vor waren sich die Evangelischen nicht darüber einig, welche Lehrvariationen innerhalb des eigenen, evangelisch-lutherischen Lagers zu verurteilen sei. Melanchthon war ratlos und meinte, eine große Synode der Evangelischen wäre notwendiger und sinnvoller als ein Religionsgespräch mit den Altgläubigen.

Anfang Oktober war die Situation verfahren. Die Delegation aus Jena sah keine Chancen mehr, ihre Interessen innerhalb der evangelischen Gruppe durchzusetzen, und reiste unter Protest ab. Melanchthon hielt am 7. Oktober noch einmal eine Ansprache im Plenum und thematisierte das Zölibat und das evangelische Schriftprinzip. Die letzte Plenarsitzung folgte am 12. Oktober. Danach gingen die Gesandten unverrichteter Dinge auseinander. Die Altgläubigen triumphierten. Die Lutheraner hatten sich blamiert. In den Augen der Altgläubigen war wieder einmal deutlich geworden, dass das von den Evangelischen propagierte Schriftprinzip nicht ausreiche, um sich in der Kirche auf einheitliche Positionen zu verständigen. Die Notwendigkeit der Einbeziehung der kirchlichen Tradition sowie die Dringlichkeit einer Einheit stiftenden Institution wie des Papsttums schien sich bestätigt zu haben.

Auch nach dem Auseinanderlaufen der Delegationen verblieb Melanchthon noch eine Zeit lang in Worms und wurde von Wilhelm Farel und Theodor Beza aus Genf besucht. Ferner begegnete ihm, auf der Durchreise in die Niederlande, der aus Trient kommende Kardinal Christoph Madruzzo.

Wegen des Scheiterns der Wormser Gespräche und der damit verbundenen Blamage der Evangelischen forderten der Kurfürst der Pfalz und der Herzog von Württemberg die evangelischen Theologen auf, eine einheitliche Lehrnorm auszuarbeiten. Melanchthon erstellte dazu bereits im November 1557 eine Konsensformel, über die im Dezember beraten wurde. Im Februar 1558 trafen sich führende evangelische Theologen und Politiker in Frankfurt am Main und formulierten ein später als „Frankfurter Rezess" bezeichnetes Konsenspapier. Bemerkenswert an dem von Melanchthon entworfenen Text war, dass er auf disqualifizierende Namensnennungen völlig verzichtete. Auf der Basis der Confessio Augustana und der Apologie wurde die evangelische Lehre zu Rechtfertigung, guten Werken, Abendmahl und Adiaphora in maßvollen, für viele annehmbaren Formulierungen ausgedrückt. Kein anders Denkender wurde namentlich genannt.

Doch auch dieser Versuch, die miteinander zerstrittenen Lutheraner zu einigen, scheiterte. Die Theologen aus Jena konnten nicht für die Konsensformel gewonnen werden. 1559 schufen sie als Gegenentwurf zur Wittenberger Theologie das Weimarer Konfutationsbuch. Erst 1577 gelang mit der Konkordienformel eine weitgehende Lehreinigung im deutschen Luthertum.

Bei seinen mehrfachen Besuchen in Frankfurt am Main gewann Melanchthon auch lebendige Eindrücke vom zeitgenössischen Judentum. Während es in Bretten, Pforzheim, Heidelberg, Tübingen und Wittenberg – Melanchthons Lebensstationen – keine Juden gab, existierte in Frankfurt eine große, damals noch nicht gettoisierte jüdische Gemeinde.

# Die Juden – Brüder oder Feinde?

Die lange und tiefe Feindschaft der Christen gegen die Juden gehört zu den dunklen Seiten der Christentumsgeschichte. Im Zeitalter von Humanismus und Reformation kam es jedoch auch hier zu Neuansätzen.

Melanchthons Großonkel und Gönner Reuchlin interessierte sich für die hebräische Sprache und die jüdische Theologie, speziell für die Kabbala, und setzte sich auch öffentlich für den Erhalt des jüdischen Schrifttums ein, insbesondere des Talmuds, dessen Konfiszierung und Vernichtung Kölner Dominikaner forderten und betrieben.

Melanchthon interessierte sich ebenfalls für die hebräische Sprache und unterrichtete sie sogar in den Jahren 1519/20 in Wittenberg, weil die Universität mit ihren Hebräischlehrern zunächst kein Glück hatte. Auch in Luthers Bibelübersetzung brachte er seine Hebräischkenntnisse ein. Kein Interesse hatte er an der Kabbala. Gewisse Kenntnisse der nachbiblischen Traditionen des Judentums waren bei ihm aber vorhanden. In einer Lociausgabe von 1556 findet sich eine hebräische Buchinschrift Melanchthons. Er zitiert Rabbi Elijahu aus dem Babylonischen Talmud zu den 6000 Jahren der Weltgeschichte. Allerdings glaubte Melanchthon, es sei ein Wort des Propheten Elia.

In seinem Eintreten für das jüdische Schrifttum unterstützte er Reuchlin schon 1514. 1518 plante er, mit einer eigenen Schrift für ihn einzutreten. Sie ist aber nie erschienen. Im Jahre 1519 bezeichnete es Melanchthon als einen Verdienst Reuchlins, jüdische Schriften vor dem Scheiterhaufen bewahrt zu haben. 1552 nahm er noch einmal in seiner Reuchlin-Gedenkrede in diesem Sinne Partei.

Die Kunde von Luther weckte unter den Juden Deutschlands die Erwartung, nun würden sie von den Christen nicht mehr feindlich behandelt werden. Sie verbanden mit der Reformation große Hoffnungen. Verschiedene Juden wandten sich an Luther und baten ihn um Hilfe. Zwischen 1519 und 1521 schrieben Juden aus Regensburg an Luther, weil ihnen die Vertreibung drohte, blieben aber ohne Antwort. Um das Jahr 1526 besuchten drei gelehrte Juden Luther in Wittenberg, doch das Gespräch endete mit einer Konfrontation. 1537 schrieb ein Anführer der Judenheit, der Rabbiner Josel von Rosheim aus dem Elsass, an Luther und bat ihn, sich für die Wiederzulassung der Juden in Sachsen einzusetzen. Doch Luther antwortete mit einem zynischen Brief, in dem er das Ansinnen zurückwies.

Mehr Erfolg als bei Luther hatten Juden, die sich mit Melanchthon in Verbindung setzten. Josel von Rosheim erreichte 1539, als er Melanchthon in Frankfurt am Main traf, dass sich dieser beim brandenburgischen Kurfürsten für die 1510 ungerechterweise, aufgrund der falschen Anklage einer Hostienschändung aus Brandenburg vertriebenen Juden einsetzte. Joachim I. rehabilitierte die Juden und ließ sie wieder zu. Zu diesem projüdischen Engagement passt eine frühe Aussage Melanchthons in den Loci von 1521. Hier bezeichnete er es als eine Konsequenz der Nächsten- und Feindesliebe, Juden und Heiden zu lieben.

Melanchthon bewegte sich zwischen den Extremen. Er war kein Philosemit, aber auch kein Antisemit. Die Juden waren für ihn keine Brüder, doch er sah sie auch nicht als Feinde. Ausgesprochen judenfreundliche Haltungen finden sich in der Reformationszeit bei dem Baseler Humanisten Sebastian Castellio, der auch gegen die Ketzerverbrennung aufgetreten war, sowie bei dem Braunschweig-Lüneburger Reformator Urbanus Rhegius und dem Nürnberger Andreas Osiander, der den Klarissinnen gegenüber alles andere als tolerant gewesen war. Besonders judenfeindlich traten dagegen der spätere Täuferführer Balthasar Hubmaier und Johannes Eck auf, und natürlich Martin Luther.

Luther griff 1543 gegen die „Sau-Juden" zur Feder und verfasste zwei dicke und polemische Schriften, in denen er dazu aufrief, die Synagogen zu verbrennen und die Juden zur Zwangsarbeit zu verpflichten oder sie zu vertreiben. Diese Schriften wurden auch von Juden zur Kenntnis genommen und erzeugten bittere Reaktionen. Als Luther 1546 gestorben war, wünschte ihm Josel, er möge „mit Seele und Leib" in der Hölle schmachten, und während des Schmalkaldischen Kriegs 1546/47, als die Reformation am Ende schien, beteten Juden wie Josel voller Enttäuschung für den Sieg des Kaisers und damit des alten Glaubens.

Bei Melanchthon findet sich eine traditionelle, negative Sicht des nachbiblischen Judentums. Für ihn waren die Juden von Gott verworfen, und sie waren aus seiner Sicht nicht fähig, die Heilige Schrift zu verstehen. Er gab ihnen die Schuld am Tod Jesu und interpretierte die Tempelzerstörung als göttliche Strafe. Den Beschneidungsritus bezeichnete er als eine Verspottung Gottes. An eine endzeitliche Rettung oder Bekehrung ganz Israels glaubte er nicht. Häufig äußerte er sich auch despektierlich über Juden und getaufte Juden, vor allem über die aus dem Judentum stammenden Wittenberger Hebräischlehrer, die er gut kannte. Luthers Judenschriften hat er gebilligt und weitergereicht.

Melanchthon sah die Kirche, die evangelische Kirche als die wahre Erbin und Nachfolgerin des alten, wahren Israels. Die zeitgenössischen Juden dagegen rückte er in die Nähe des Katholizismus oder in die Nähe von Türken und Heiden.

Eine weitere persönliche Begegnung mit einem Juden hatte Melanchthon beim Reichstag von Augsburg 1530. Mit einem Rabbiner aus Prag, Isaak Levi, unterhielt er sich über Jes 53 sowie über das Gesetz und den Sabbat. Das Gespräch endete aber im Streit.

Das Judentum war nicht die einzige nicht christliche Religion, welche die Reformatoren herausforderte. Auch die Frage nach dem Islam stellte sich.

# Die Türken vor den Toren Wiens

Im 11. Jahrhundert übernahmen die Türken, ein Turkvolk aus dem östlichen Zentralasien, die Führung in der islamischen Welt und lösten die arabischen Abbasiden ab. Um 1300 legte der Türke Osman I. den Grundstein zu dem nach ihm benannten Reich. Das Osmanische Reich entwickelte sich zu einer expansiven Großmacht und wurde dem Abendland zu einer Bedrohung vom Beginn des 14. Jahrhunderts bis 1683, als zum zweiten und letzten Mal Wien belagert wurde.

Ein einschneidendes Ereignis für die Christentumsgeschichte war der Fall Konstantinopels im Jahre 1453. Die Türken eroberten das alte Zentrum der Christenheit und machten den Islam zur Hauptreligion. Christliche Minderheiten wurden jedoch weiter toleriert und die Stadt nicht geplündert.

Im 16. Jahrhundert führte die Türken Suleiman II., von 1520–1566, und errang drei bedeutende Siege: 1521 gelang ihm die Eroberung Belgrads, 1522 erreichte er die Kapitulation der Johanniter auf Rhodos und 1526 erlangte er den Sieg über die Ungarn in der Schlacht von Mohács. 1529 belagerte er erstmal Wien, musste den Angriff jedoch abbrechen.

Beim Kampf der Morgen- gegen die Abendländler, der Türken gegen die Deutschen, der Moslems gegen die Christen dienten als Soldaten der Türken häufig orthodoxe Christen. Auf den Schlachtfeldern kämpften häufig Christen gegen Christen, was aber auf beiden Seiten nur wenigen bewusst war.

Die Hauptrolle in der Verteidigung des Abendlands kam dem Hause Habsburg zu, weil die habsburgischen Kernlande am stärksten betroffen waren und weil die Habsburger zugleich den Kaiser stellten, der das Reich zu verteidigen hatte.

Die Türkengefahr hatte Folgen für die Reformationsgeschichte. Der Kaiser, die Altgläubigen und die Evangelischen mussten zusammenhalten gegen die allen gemeinsam drohende Gefahr. Der Nürnberger Anstand von 1532 hatte beispielsweise diesen Hintergrund. Die Türkengefahr hat also die Reformation begünstigt.

Die Türkenfrage war Gegenstand vieler Druckschriften. Die Altgläubigen wünschten sich einen Kreuzzug, das heißt: Papst und Kaiser sollten gemeinsam gegen die Türken vorgehen. Die Evangelischen waren jedoch gegen alle Kreuzzugspläne und wollten keinen Krieg im Namen Gottes und im Namen des Christentums führen. Luther äußerte sich hierzu 1529, als er über den „Krieg gegen die Türken" und eine „Heerpredigt gegen die Türken" schrieb. Die militärische Türkenabwehr war für ihn Sache des Kaisers, nicht der Kirche. Einen Verteidigungskrieg hielt er für erlaubt und argumentierte mit dem Gedanken der Notwehr sowie dem christlichen Liebesgebot. Er selbst wollte das Heer durch Buße und Gebet unterstützen. Luther interpretierte die Auseinandersetzungen eschatologisch, mit Dan 7 im Hintergrund, als Anzeichen des baldigen Weltendes.

Melanchthon hat sich 1528 im Visitationsunterricht über die Türken geäußert, in einem eigenen Kapitel. Anlass dafür, dieses Thema aufzugreifen, boten ihm evangelische Prediger, zum Beispiel aus Täuferkreisen, die mit der Bergpredigt argumentierend jeden Widerstand gegen die Türken ablehnten. Melanchthon hielt diese Position für falsch, ja aufrührerisch. Wie Luther vertrat er mit Röm 13 die Auffassung, dass die Obrigkeit die Aufgabe habe, Mörder und Räuber zu bestrafen und mit Krieg gegen diejenigen vorzugehen, die widerrechtlich Krieg anfingen und raubten und mordeten.

Den Türken warf Melanchthon vor, das Land zu verderben, Frauen zu schänden und Kinder zu ermorden. Sie zerstörten das Landrecht, den Gottesdienst und jegliche Ordnung. Unter ihnen gebe es keine Ehre. Die Mächtigen nähmen den anderen Gut, Weib und Kind nach ihrem Mutwillen. Auch die Ehe werde nicht geachtet, Weiber würden beliebig genommen und verstoßen und Kinder verkauft. Melanchthon verwies auf die Erfahrungen, welche die Ungarn gemacht hätten und von denen ihm ungarische Studenten erzählt hatten, und fragte: „Solche Sitten, was sind es anders denn eitel Mord?" Männer und Frauen, Junge und Alte würden wie Vieh auf den Markt getrieben und verkauft und gekauft. Melanchthon zog daraus schreckliche Konsequenzen: Besser sei es, im Kampf mit den Türken zu sterben, als ein solches

Schicksal seiner Angehörigen mitansehen zu müssen. Ja, ein frommer Mann würde es sogar lieber sehen, dass seine Kinder tot wären, als dass sie türkische Sitten annehmen müssten. Und somit sei es ein „rechter Gottesdienst", gegen die Türken zu kämpfen, doch nur, wenn man auf Befehl der Obrigkeit und nicht eigenmächtig kämpfe. Aufgabe der Prediger sei es, Gott zu bitten, dass er die Christen „vor solchen wütenden Leuten" behüte.

Nach der Eroberung der ungarischen Stadt Ofen (heute: Budapest) durch die Türken im Jahre 1541 überarbeitete Melanchthon seinen Danielkommentar und gestaltete ihn zu einer Trostschrift für die Ungarn um. Er schrieb als mitfühlender Freund.

Die Türken wurden auch von anderen Autoren als besonders grausam dargestellt. Holzschnitte in Flugschriften zeigten, wie Reiter mit Lanzen Kinder durchbohrten und wie Kinder mit dem Schwert halbiert und Säuglinge auf Pfähle aufgespießt wurden. Aber diese außergewöhnliche Grausamkeit der Türken, so verschiedene evangelische Autoren, liege nicht in ihrer Natur, sondern sei Folge von Gottes Grimm.

Grundsätzlich wurden die Türken von den Evangelischen als Zuchtrute Gottes interpretiert. Die Türken straften in Gottes Auftrag für die Sünden und riefen damit zur Buße auf. Die Gebietsverluste der Habsburger wurden ganz konkret als Strafe für deren Bekämpfung des Evangeliums interpretiert. Rettung vor den Türken gebe es letztlich also nur durch Umkehr, Buße und Abkehr von den Sünden. Es findet sich in evangelischen Türkenschriften aber auch die Überzeugung, in Mohammeds Lehre sei es begründet, dass die Türken die ganze Welt beherrschen wollten.

Anders als Melanchthon konnte sich Luther über die Türken auch positiv äußern. Als Übereinstimmung in Glaubensfragen hob er den Auferstehungsgedanken hervor. Außerdem lobte er das ernste, tapfere, strenge Leben der moslemischen Geistlichen, die Häufigkeit des Gebets und die Zucht, die Stille und die schönen äußerlichen Gebärden beim Beten. Auch mit Blick auf ihren äußerlichen Wandel konnte Luther bei den Türken ein tapferes, strenges und ehrbares Wesen entdecken. So tränken sie keinen Wein, sauften und fräßen nicht so wie die Christen, kleideten sich „nicht so leichtfertig und fröhlich", bauten nicht so prächtig, prangten nicht, schwörten und fluchten nicht und pflegten einen „trefflichen Gehorsam, Zucht und Ehre gegen ihren Kaiser und Herrn". Auch das äußerliche Regiment der Türken und ihre Ordnung im Staat lobte Luther und wünschte sich dieselbe für Deutschland. Gelegentlich konnte Luther sogar sagen, die Türken seien in Glaubensfragen toleranter als der Papst.

Kritik übte Luther wie Melanchthon am Eheverständnis des Islam, da er dem Mann vier Ehefrauen gestatte und außerdem sexuelle Beziehungen mit Konkubininnen und Sklavinnen.

1529 äußerte sich Luther zum rechten Verhalten in türkischer Gefangenschaft. Wer als Soldat in türkische Gefangenschaft gerate und versklavt werde, solle das als von Gott geschickt annehmen und seinem türkischen Herrn gerne und fleißig dienen und nicht weglaufen. Dadurch würde der Gefangene dem Evangelium einen Dienst erweisen und vielleicht erreichen, dass die Türken über die Christen positiv dächten und „viele" sich „vielleicht" bekehrten.

Bekehren wollte Luther die Moslems aber eigentlich nicht, denn für ihn waren sie verstockt wie die Juden. Über die christlichen Glaubensartikel würden sie nur spotten. Erfolg habe der Islam nur aufgrund seiner Anwendung von Gewalt. Luther sah in dieser Religion eine christliche Häresie und in Mohammed, den er einen „Apostel des Teufels" nannte, einen Schüler des Arius, der einst die Gottgleichheit Jesu Christi geleugnet hatte. Die Moslems verneinten ja die Gottessohnschaft Jesu und seinen Kreuzestod. Luther parallelisierte auch das Papsttum und den Islam, da er im Islam eine Religion der Werkgerechtigkeit sah. Bezeichnend für diese Verbindung ist sein Lied „Erhalt und Herr bei deinem Wort", in dem er Gott bittet: „Steur des Papsts und Türken Mord" (EG 193).

Den Koran gab es seit 1542 in einer lateinischen Übersetzung. Melanchthon und Luther kannten sie. Außerdem kannte Luther die um 1300 entstandene „Widerlegung des Koran", verfasst vom Florentiner Dominikaner Ricoldo da Monte Croce. Diesen Text übersetzte Luther ins Deutsche und veröffentlichte ihn.

Der Züricher Theologe Theodor Bibliander erstellte 1542 erstmals eine wissenschaftlichen Ansprüchen genügende Übersetzung des Koran und wollte sie in Basel drucken lassen. Der Baseler Drucker Johannes Oporin war dazu bereit und wollte dafür die Zensur durch den Baseler Rat umgehen. Dieser erfuhr davon und ließ – als konsequenter Hüter des christlichen Glaubens – den Druck sistieren und Oporin einsperren. Darauf schrieb Luther an den Rat und plädierte für die Druckfreigabe. Man könne den Türken nicht schwerer schaden als durch die Veröffentlichung des Korans. Er enthalte offensichtliche Lügen, Fabeln und Gräuel und sei keine Gefahr für die Christen. Luther hatte Erfolg. Die Übersetzung wurde in Basel gedruckt. Allerdings durften Drucker und Druckort nicht genannt werden und ein Vertrieb in Basel selbst musste unterbleiben.

Für den Druck schrieb Melanchthon im Mai 1542 ein Vorwort, in dem er sich über Türken, Islam, Mohammed und den Koran äußerte. Er erklärte, Mohammed habe die alte, durch Wunderbeweise gesicherte biblische Lehre verworfen und etwas Neues geschaffen, was grundsätzlich zu verurteilen sei. Der Islam weiche vom Worte Gottes in gleicher Weise ab wie das Heidentum, weshalb der Koran abzulehnen sei. Dass Mohammeds Sekte einen teuflischen Charakter habe, erkenne man an dessen Auffassung vom Krieg und von der Ehe. Das von Mohammed errichtete Reich sei vom Propheten Daniel vorausgesagt worden. Der Erfolg des Islam sei ein Zeichen des Zornes Gottes, das zur Buße mahne. Am 29. Mai wurde Melanchthons Text durch einen Boten von Wittenberg direkt nach Basel gebracht, ein nicht gerade alltägliches Vorgehen. Auf dem Titelblatt des Korans wurde Melanchthon nicht nur nicht genannt, sondern seine Vorrede sogar als von Luther stammend ausgegeben.

1556 rechnete Melanchthon mit einer erneuten kriegerischen Auseinandersetzung mit den Türken. Die Sterne standen schon 1555 schlecht, und dann wurde im März 1556 auch noch ein Komet gesichtet. Für Melanchthon war dies eine Warnung, eine göttliche Mahnung zum Handeln und Beten, auf dass Gott eingreife und das drohende Unheil abwende. Ihn erfüllte die Furcht, das Christentum könnte in Europa untergehen, wie es in Kleinasien, dem einstigen Herz des Christentums, untergegangen ist. Als Trost blieb ihm der Gedanke, Gott werde sich dann in anderen Weltgegenden wieder eine Kirche schaffen.

Melanchthon bemühte sich um eine Kontaktaufnahme mit den Resten der alten Christenheit im Osten. Im Jahre 1559 schrieb er einen griechischen Brief an den Ökumenischen Patriarchen Joasaph II. in Istanbul und warb für die Anliegen der Reformation. Melanchthon stellte unter deutlicher Hervorhebung der griechischen Kirchenväter die Gemeinsamkeiten zwischen Reformation und Orthodoxie heraus und distanzierte sich von Manichäern und „Mohammedanern" ebenso wie vom lateinischen Mittelalter. Dabei wurde erneut deutlich: Wahrheit war Melanchthon wichtiger als Einheit. Melanchthon ließ dem Patriarchen auch eine griechische Fassung der Confessio Augustana zukommen, die 1559 bei Oporin in Basel erschienen war. Unklar ist, inwiefern Melanchthon an dieser Übersetzung, die erheblich vom lateinischen Text abweicht, beteiligt war. 1584 erschien in Wittenberg eine griechisch-lateinische Ausgabe. Als Bote diente 1559 der serbische Diakon Demetrios, der sich ein halbes Jahr lang in Wittenberg aufgehalten und im Hause Melanchthons gewohnt hatte. Von einer Antwort des Patriarchen ist nichts bekannt.

# Astronomie und Astrologie

Bereits während seines Studiums in Tübingen hatte sich Melanchthon für Astronomie interessiert. Dort wirkte nämlich der prominente Mathematiker und Geograf Johannes Stöffler, auch er ein Humanist, von dem noch heute eine astronomische Uhr zeugt, die an der Außenfassade des Tübinger Rathauses angebracht ist.

Zu einer großen Herausforderung für die Gelehrten und erst recht für die Theologen entwickelte sich im 16. Jahrhundert das neue Weltbild des Kopernikus. Während in der Kirche, wie durchgängig im ganzen Mittelalter, gelehrt wurde, dass die Erde das Zentrum des Kosmos bilde und Sonne, Mond und Sterne die Erde umkreisten, lehrte Kopernikus auf der Basis astronomischer Beobachtungen und mathematischer Berechnungen, die Erde kreise um die Sonne. Melanchthon widmete sich Mitte der 40er-Jahre der Naturlehre (Physik) und verfasste eine Reihe von Vorlesungen, die zunächst sein Schüler und Kollege Paul Eber an der Universität vortrug und 1549 auch im Druck erschienen. In diesem Zusammenhang beschäftigte sich Melanchthon mit Kopernikus und gelangte zu der Überzeugung, dass das heliozentrische Weltbild abzulehnen sei, weil es der Bibel widerspreche. Melanchthon polemisierte in diesem Kontext aber nicht gegen Kopernikus, sondern gegen Aristarch von Samos, der bereits in der Antike den Heliozentrismus gelehrt hatte.

Melanchthon lehnte Kopernikus ab, aber andere Wittenberger waren anderer Auffassung. Der Mathematiker Georg Joachim Rheticus pflichtete Kopernikus bei und reiste nach Frauenburg, um den großen Astronomen kennen zu lernen. Luther dagegen stand auf dere Seite Melanchthons und polemisierte 1539 in einer Tischrede gegen den Neuerer, der beweisen wolle, dass sich die Erde bewege, nicht die Sonne und der Mond, und die ganze Astronomie auf den Kopf stelle. 1542 zog Rheticus, der inzwischen nach Wittenberg zurückgekehrt war, nach Nürnberg, um dort die

Werke des Kopernikus drucken zu lassen. Melanchthon stattete ihn – trotz weiter bestehender Differenzen in der Sache – mit einem Empfehlungsschreiben aus. In Nürnberg hatte Rheticus Kontakt zu Osiander, und dieser steuerte für den Druck eine anonyme Vorrede bei, in der er die Lehren des Kopernikus als Hypothesen bezeichnete. Osiander war für das neue Weltbild also aufgeschlossener als Luther und Melanchthon.

Doch die Sache blieb auch in Wittenberg auf der Tagesordnung, und Melanchthon beschäftigte sich weiter damit. 1549, in seiner Vorrede zu seinem Physiklehrbuch, erwähnte er den Namen Kopernikus mit Hochachtung, polemisierte aber ohne in diesem Zusammenhang Kopernikus direkt zu nennen heftig gegen das heliozentrische Weltbild. Seinen Vertretern warf er Neuerungssucht vor und das Bestreben, nur die eigenen geistigen Fähigkeiten zur Schau stellen zu wollen, und sprach von „Spielereien". Das geozentrische Weltbild sei das biblische und die von Gott aufgezeigte Wahrheit, die ehrerbietig, zufrieden und dankbar zur Kenntnis zu nehmen und zu bewahren sei. Wenig später rang sich Melanchthon aber dazu durch, das neue Weltbild wie Osiander als Denkmodell zu akzeptieren. Bereits 1550 schlug sich diese neue und letzte Positionierung Melanchthons in der Vorrede zum Physiklehrbuch nieder.

Melanchthon beschäftigte sich mit Astronomie, aber auch mit Astrologie. Sie war für ihn keine Esoterik, sondern eine Wissenschaft. Astrologie gab Aufschluss über die Einwirkungen der Planeten und Zodiakalzeichen (Tierkreiszeichen) auf das sublunare Geschehen. Das astrologische Interesse erlebte am Ende des Mittelalters einen großen Aufschwung. Ursache hierfür waren neu entdeckte antike Texte von Hermes Trismegistos sowie die Wiederentdeckung Platons und des Neuplatonismus.

Ende des 15. Jahrhunderts unterschieden die Gelehrten zwischen der Astrologia naturalis und der Astrologia divinatrix. Die Astrologia naturalis (natürliche Astrologie) beschäftigte sich mit Wettervorhersagen, der Auslegung von Himmelserscheinungen oder Naturereignissen, der Herstellung von Almanachen und Kalendern und gab medikale Anweisungen für Gesunde und Kranke. Die Astrologia divinatrix (weissagende Astrologie) versuchte sich mit der Interpretation großer Konstellationen und erstellte Horoskope. Ein Horoskop erschließt das Schicksal von Einzelpersonen,

Völkern, Städten und der Welt aus der Konstellation von Planeten und aus Zodiakalzeichen.

In der Kirche des Mittelalters wurden beide Formen der Astrologie toleriert, die Kirche wandte sich jedoch gegen Horoskope. In ihnen sah man Versuche des Menschen, in göttliche Schicksalsbestimmungen einzugreifen. Luther – auch an diesem Punkt ganz mittelalterlich – stand der Astrologie distanziert gegenüber und übte Kritik an seiner astrologisch interessierten Umgebung, auch an Melanchthon. In einer Tischrede führte er 1537 aus: „Es schmerzt mich, daß Philipp Melanchthon so der Astrologie anhängt, weil man sich sehr über ihn lustig macht. Denn er läßt sich leicht von den Himmelszeichen beeinflussen und in seinen Gedanken zum Besten halten. Es hat ihm oft gefehlt, doch ist er nicht zu überzeugen. Als ich einst von Torgau kam, ziemlich krank, sagte er, es sei nun mein Schicksal, zu sterben. Ich habe nie wollen glauben, daß es ihm so ernst wäre." Der Herausgeber dieser im Original in deutsch-lateinischem Kauderwelsch gehaltenen Rede, Ernst Kroker, konnte es sich nicht verkneifen, in seiner Anmerkung Melanchthon „Aberglauben" vorzuhalten.

Melanchthon jedoch sah und schätzte die Astrologie als christliche Wissenschaft, da die Sterne zur Schöpfung Gottes gehörten. Er glaubte keineswegs an ein blind waltendes Schicksal. Er sah das Wirken der Gestirne eingeordnet in den göttlichen Willen. Sie hatten für ihn keine eigenständige Macht. Das Schicksal des Menschen hing für ihn nicht von Gestirnskonstellationen ab. Er sah von den Sternen aber einen Einfluss ausgehen, auf den die Menschen reagieren und vor dem sie sich gegebenenfalls auch schützen konnten. Ferner wähnte er in ihnen Zeichen und Warnungen Gottes auf kommende Strafen für die Sünden der Menschen und legte sie der Deutung von geschichtlichen Ereignissen zugrunde. 1543 meinte er in einem Brief an einen Vertrauten, letztlich stehe hinter dem Luther-Zwingli-Streit um das Abendmahl eine unheilvolle Konjunktion zwischen Mars und Saturn.

In seinen Lehrbüchern pflegte Melanchthon die Astrologia naturalis und wollte sie an Schulen, Gymnasien und Universitäten im Rahmen der Astronomie behandelt wissen, aber die Astrologia divinatrix klammerte er aus, obwohl er sich in der Alltagspraxis durchaus viel mit Horoskopen beschäftigte und auch sein eigenes Leben mit Blick auf ein Horoskop führte, das sein Vater für ihn bei einem bedeutenden Heidelberger Astrologen hatte anfertigen lassen. Dieser hatte vorausgesagt, Melanchthon werde im Baltischen Meer Schiffbruch erleiden. Melanchthon kannte dieses Horoskop und nahm es ernst. Zeitlebens mied er es, nach Großbritannien oder Dänemark zu reisen, obwohl ihn reformatorische Aufgaben dazu drängten. Bis zu seinem Tod fürchtete er, im Wasser umzukommen.

Für Familienmitglieder und Schüler ließ Melanchthon ebenfalls Horoskope erstellen, und Horoskope spielten bei vielen praktischen Entscheidungen, auf die er Einfluss hatte, eine Rolle, zum Beispiel im Zusammenhang mit Angelegenheiten der Universität Wittenberg.

Ferner erhoffte sich Melanchthon von Sterndeutungen eine Klärung des Tages und des Jahres von Luthers Geburt. Luthers Mutter und Bruder, die Melanchthon befragte, konnten sich nämlich nicht genau erinnern. Melanchthon hielt auf der Basis astrologischer Berechnungen zeitweise den 22. Oktober 1484 für das richtige Datum. Allgemein durchgesetzt hat sich die Angabe 10. November 1483. Der Tag selbst ist sicher, weil Luther bei seiner Taufe am Tag nach seiner Geburt den Namen des Tagesheiligen Martin von Tours erhielt. Das Jahr ist jedoch bis heute strittig. Nach wie vor gibt es gewichtige Gründe für 1484, aber auch Argumente, die für 1482 sprechen. Luther selbst hat die Frage nach seinem Geburtsjahr und seinem Alter nicht bewegt.

Von den normalen Sternen unterschieden sich die Schweifsterne, die Kometen, und erregten deshalb besondere Aufmerksamkeit. Weil sie scheinbar spontan auftraten und keinen Gesetzen folgten, erachtete man sie als spezielle Boten Gottes, die Unheil ankündigten. In den Jahren 1526, 1556, 1558 und 1577 traten Kometen auf und wurden in Predigten als Gottes Rute und Schwert interpretiert, das sich drohend gegen die unbußfertige Menschheit richte. Kometen, auch Wetterzeichen, Naturereignisse und wunderbare Missgeburten, waren für Melanchthon Zeichen und Warnungen Gottes auf kommende Strafen für die Sünden der Menschheit.

Neben den Sternen spielten für Melanchthon zeitlebens auch Träume eine große Rolle für die Lebensinterpretation und -gestaltung. Gerne deutete er eigene und fremde Träume. In der Nacht zum 13. April 1560 sah sich Melanchthon im Traum die vertrauten

Worte Christi aus Lk 22,15 singen: „Mich hat herzlich verlangt, dies Passalamm mit euch zu essen, ehe ich leide." Er hörte sich laut und kräftig singen und wachte darüber auf. Der Traum war ihm ein Hinweis auf sein nahes Ende. Sechs Tage später kam die letzte Stunde.

# Die letzten Tage und Stunden

In den 50er-Jahren, nach dem Ende des Fürstenkriegs, gab es für Melanchthon nicht mehr einzelne alles andere überragende Themen. Er schrieb viele Gutachten zu kirchlichen, theologischen und ethischen Fragen und erteilte Ratschläge, wenn man ihn darum bat. Stark belastet haben ihn die Streitigkeiten unter den evangelischen Theologen, insbesondere der Abendmahlsstreit, und er litt unter den Anfeindungen aus den eigenen Reihen.

Wenn Melanchthon in Wittenberg war, unterrichtete er auch noch im Alter täglich. Im Jahre 1557 beispielsweise von Montag bis Samstag, und zwar Logik, Ethik (nach Cicero), Geschichte, Neues Testament (anhand des Kolosserbriefes) und Dogmatik (anhand des nizänischen Glaubensbekenntnisses). Am Sonntagvormittag hielt er vor dem Gemeindegottesdienst für ausländische Studenten in seiner Wohnung lateinische Bibelstunden, in denen er das Evangelium des Tages auslegte. Melanchthon stand früh auf und ging früh zu Bett. Für eine in der Regel ungestörte Nachtruhe sorgte sein Prinzip, abends keine Briefe mehr zu öffnen.

Melanchthons Gebetsgedanken im Alter beschäftigten sich – nach dem Vorbild seiner schon 1557 verstorbenen Frau – mit dem Psalmwort „Verwirf mich nicht in meinem Alter, verlass mich nicht, wenn ich schwach werde" (Ps 71,9). 1559 und zu Beginn des Jahres 1560 finden sich in vielen seiner Briefe Todesgedanken. Wieder, wie zuletzt in der Interimszeit, dachte er an Vertreibung und Flucht und phantasierte vom zurückgezogenen, ganz dem Gebet und den privaten Studien gewidmeten Leben im Heiligen Land, in den Höhlen von Bethlehem nach dem Vorbild des von ihm verehrten Kirchenvaters Hieronymus.

Am 16. Februar 1560 vollendete Melanchthon sein 63. Lebensjahr. Nun rechnete er fest mit seinem Tod, denn er wusste, dass die alten Griechen das 63. Jahr als „Stufenjahr" betrachtet und als das „der Greise" bezeichnet hatten. In der Zahl 63 verbanden sich durch Multiplikation die Zahlen sieben und neun, und diese

Verbindung galt als besonders gefährlich. Mit dem 63. Lebensjahr waren nach antiker Auffassung große Veränderungen im Körper verbunden. Melanchthon teilte diese Ansicht und erinnerte sich daran, dass viele bedeutende Männer in diesem Alter gestorben waren, darunter Luther.

Ein Bericht Wittenberger Professoren informiert über Melanchthons letzte Lebenstage. Das Sterben war damals anders als heute eine öffentliche Angelegenheit. Die Zeugen haben die letzten Stunden bedeutender Menschen in allen Details festgehalten und im Druck veröffentlicht, um durch diese Beispiele anderen zu zeigen, wie man sich beim Sterben verhalten solle. Auf diese Weise ist eine interessante und erst wenig erforschte protestantische Ars-moriendi-Literatur entstanden.

Wenige Tage vor seinem Tod verfasste Melanchthon einige Gebetsverse, die ein ausdrucksstarkes Loblied auf Christus darstellten, wie es sonst bei Melanchthon nicht zu finden ist. Er hat den Text, der unvollendet geblieben ist, bei seiner letzten Vorlesung für einige Studienanfänger niedergeschrieben, die ihn darum gebeten hatten, wahrscheinlich am Montag, dem 8. April 1560.

Sohn des ewigen Ursprungs, Jesus Christus,
aus des ehrwürd'gen Vaters Herz bringst du
als Gesandter den Liebreiz froher Botschaft.
Uns den Glaubenden zeigst du mit ihr machtvoll
das Gerechtsein und Leben ohne Ende.
Durch dein Blut hast du uns erlöst von Sünden,
du erhörst uns, du machst und hältst gerecht uns,
sichtbar zeigst du den Vater allen Frommen.
Unser Herz unterweise, Christus, immer!
Gieß' in unsere Brust als Gnadenvorschuss
auch den Heiligen Geist, der reine Opfer,
wahre Anrufung weckt und wirksam darbringt!
Lass uns Teil deiner Herde sein für alle Zeit,
mit freudigem Herzen immer singen
deines ewigen Vaters Lob und auch dein
eig'nes […]

Melanchthon schrieb auch ein Testament, das dem Stil der Zeit entsprechend ein Glaubensbekenntnis und ein Dankgebet enthielt, doch als er es am 18. April abschließen wollte, war der Text nicht mehr aufzufinden. Im daraufhin neu aufgesetzten Text begnügte er sich damit, einige praktische Dinge zu regeln, und bestimmte die 1558 geschriebenen „Responsiones Scriptae a Philippo Melanthone ad impios articulos Bavaricae inquisitionis", eine Reaktion auf den Fragenkatalog der in Bayern eingerichteten Inquisition, samt der ihnen bei der zweiten Ausgabe 1559 hinzugefügten „Refutatio erroris Serveti et Anabaptistarum", eine Auseinandersetzung mit den Kritikern der Trinitätslehre und der Kindertaufe im evangelischen Lager, zu seinem persönlichen Glaubensbekenntnis. Die Formulierung eines privaten Glaubensbekenntnisses auf dem Sterbelager war eine verbreitete und vielfach bezeugte Sitte.

Am Ostersonntag, dem 14. April, schrieb der todkranke Melanchthon seine letzten drei Briefe. Sie enthielten kurze Gebete. Im Brief an seinen „Meisterschüler" Jakob Runge in Greifswald, den Generalsuperintendenten des Fürstentums Pommern-Wolgast, bat er Jesus Christus, den „Beschützer seiner Kirche", um Lehrer und Fürsten, die fromm und der Kirche von Nutzen sind, und um die Bewahrung der Kirche in den von ihm erwarteten großen Veränderungen. Die aus seiner Sicht elende Lage der Kirche belastete ihn schwer, doch er tröstete sich damit, dass für die nachfolgende Generation die evangelische Lehre genau erklärt sei, und er betete leidenschaftlich für die Kirche.

Melanchthon war bereit zu sterben. Wie schon mehrfach in früheren Jahren sprach er auch kurz vor seinem Tod den Gedanken aus, er wolle lieber sterben als noch einmal an Religionsgesprächen teilnehmen. Für sich selbst betete er um einen „fröhlichen Abgang", um göttliches Erbarmen und um ein schnelles Ende, wobei er sich an ein Gebet des Erasmus erinnerte, das dieser beim Sterben gesprochen habe, und sich dieses zum Vorbild nahm. Falls er doch noch länger leben sollte, hatte er nur einen Wunsch, nämlich weiterhin anderen nützlich sein und der Kirche Christi und der Bildung der Jugend dienen zu können.

Für die Kollegen und Freunde, die ihn in seinen letzten Lebenstagen besuchten, betete Melanchthon um göttliche Bewahrung sowie um ein der Kirche dienendes Leben und segnete sie. Auch seine Enkelin, Kaspar Peucers Tochter Anna (geb. 1551), wurde von Melanchthon mit einem Segenswunsch bedacht. Andere kleine Kinder hieß er „fromm sein, fleißig beten und dergleichen".

Am 11. April, als Melanchthon seine an Sonn- und Feiertagen übliche morgendliche Bibelauslegung hielt, legte er Joh 17 aus und wünschte seinen „Kindern und Kinderchen" die feste Verbindung zur Kirche und zum Gebet, Eintracht und das ewige Leben.

Am 12. und 13. April schrieb er eine Erklärung zum Osterfest, die nach alter Tradition am Ostersonntag unter dem Namen des stellvertretenden Rektors, Georg Major, öffentlich angeschlagen wurde. Der greise Reformator erinnerte an den Auszug aus Ägypten vor – nach seiner Berechnung – 3069 Jahren und an die seitherige Bewahrung des Gottesvolks. Im Zentrum der Bekanntmachung stand ein längeres Gebet, ein Dankgebet an Gott den Vater und an Jesus Christus für die Zugehörigkeit zur wahren Kirche und für die Erlösungstat.

Bibelworte spielten in Melanchthons letzten Lebenstagen eine wichtige Rolle. Im Schlaf stand ihm der Spruch „Ist Gott für uns, wer kann wider uns sein?" (Röm 8,31) vor Augen, sein Lieblings-Bibelwort, an dem er sich zeitlebens festgehalten hatte. Ferner zitierte er 1 Kor 1,30f und Mt 15,22. Von den ihn besuchenden Geistlichen wurden Psalmen sowie verschiedene Verse aus Jes 53, Röm 5, Röm 8 und aus dem Johannesevangelium gesprochen, alles Bibelstellen, von denen bekannt war, dass sie dem Reformator viel bedeuteten.

An seinem letzten Lebenstag sprach Melanchthon nach seiner Gewohnheit sein tägliches Gebet, das von Anwesenden aufgezeichnet und im Sterbebericht überliefert wurde. An einigen Stellen nimmt dieser außergewöhnlich lange Gebetstext auf das Sterben und den Tod Bezug.

Der Todestag ist für Melanchthon ein ganz besonderer „Tag der Anfechtung" (dies tribulationis), an dem Gott geboten hat, ihn anzurufen (Ps 50,15). Hier musste mehr noch als in anderen Stunden der Not, die Melanchthon durchlitten hatte, das Gebet zum Tragen kommen: In der Todesstunde steht der Mensch „einsam und arm" (unicus et pauper) vor Gott; Kraft, Stärke und Selbstvertrauen sind dahingeschwunden. Ein letztes Mal ist es angebracht, Gott um Gnade und Erbarmen zu bitten und um Vergebung. Aber der Blick geht schon über die Todesgrenze hinaus. Der Beter freut sich darauf, „die Freundlichkeit des Herrn zu schauen" (Ps 27,4) und „in der ganzen Ewigkeit" ein „Tempel Gottes" sein und bleiben zu können, in einer jenseitigen Existenz, die ganz und gar erfüllt ist vom freudigen Danken und Preisen gemeinsam mit der ganzen himmlischen Kirche. Die jenseitige Existenz war für Melanchthon also eine betende Existenz, aber nach der Überwindung aller Not nicht mehr eine bittende, sondern eine nur noch lobende und dankende.

Mehrfach wird aus den letzten Stunden berichtet, dass die Anwesenden beobachteten, wie sich Melanchthons Lippen bewegten, ohne dass man Worte hören oder verstehen konnte, was als ein stilles Gebetsmurmeln interpretiert wurde. Und so kam seine letzte Stunde, am 19. April 1560. Zwischen sechs und sieben Uhr abends, so der Bericht der Augenzeugen, „fuhr er also fein, still und gelinde über seinem Gebet dahin zu seinem lieben Herrn Jesu Christo, den er stets mit Herzen und Mund gelobt und gepreiset hat".

Nach seinem Abscheiden wurde Melanchthon in seinem Studierzimmer aufgebahrt, und fast alle Wittenberger Bürger und Studenten erwiesen ihm die letzte Ehre.

Sein Grab fand Melanchthon in der Wittenberger Schlosskirche, vor dem Chorraum auf der linken Seite, Luther gegenüber. Die Bronzeplatte trägt folgende, im Original lateinische Inschrift: „An diesem Ort ist der Leib des heiligen Mannes Philipp Melanchthon beigesetzt, der im Jahre Christi 1560 am 19. April verstarb, nachdem er 63 Jahre, 2 Monate und 2 Tage gelebt hatte." 1892 wurde das Grab im Rahmen der Sanierung der Schlosskirche geöffnet und untersucht und ein Sandsteinsockel unter der Grabplatte angebracht.

An vielen Orten Deutschlands fanden in den Wochen nach Melanchthons Tod Gedenkveranstaltungen statt, zum Beispiel in Tübingen am 15. Mai 1560. Dort hielt der Theologieprofessor Jakob Heerbrand, der fünf Jahre lang Schüler Melanchthons in Wittenberg gewesen war, die Trauerrede und beklagte den Verlust des „Lenkers" und „höchsten Leiters der Universitäten und Kirchen".

Melanchthons allerletzte Aufzeichnung war ein Zettel mit Gründen, warum man den Tod nicht fürchten müsse: „Du entkommst den Sünden. Du wirst befreit von aller Mühsal und der Wut der Theologen. Du wirst ins Licht kommen, Gott schauen, Gottes Sohn betrachten. Du wirst jene wunderbaren Geheimnisse lernen, die du in diesem Leben nicht verstehen konntest: Warum wir so erschaffen sind, wie wir sind, und worin die Vereinigung der beiden Naturen in Christus besteht." Damit schloss sich ein Kreis. Zu den Geheimnissen der Gottheit hatte Melanchthon 1521 gesagt, er wolle sie nicht enträtseln, sondern anbeten. Nun war er von der Erwartung erfüllt, dass Gott selbst ihm seine Geheimnisse erklären würde. Das Jenseits stellte sich Melanchthon wie eine Universität vor, als himmlische Akademie.

# Wirkungen

Melanchthons Wirkungen sind nicht zu unterschätzen. Sie haben europäische und überkonfessionelle Dimensionen und erstrecken sich bis in die Gegenwart.

Melanchthon hatte ein grundsätzlich positives Verhältnis zu den Naturwissenschaften seiner Zeit. Eigene Forschungsleistungen hat er in den Bereichen Mathematik, Astronomie und Geografie zwar keine erbracht, aber er besaß eine größere geografische Bibliothek und sammelte Landkarten, setzte sich für die mathematische Geografie ein und hat auch die historisch-länderkundliche Geografie nicht vernachlässigt.

Seine Lehrbücher umfassten alle Gebiete der damaligen Wissenschaften außer der Metaphysik und wurden bis ins 19. Jahrhundert hinein und teilweise auch in katholischen Bildungseinrichtungen benutzt. Allerdings offenbarte man dort nicht immer den Namen des Verfassers, sondern entfernte die Titelblätter, die auf den Wittenberger Lutheranhänger verwiesen.

Große Bedeutung hatte Melanchthon für die Entwicklung der Medizin. Er hat neunzehn Reden medizinischen Inhalts gehalten bzw. geschrieben. Im 16. Jahrhundert wandelte sich in Deutschland die scholastische Medizin zur humanistischen Renaissancemedizin. Besonders wichtig in diesem Prozess war die Rezeption Andreas Vesals, der 1543 in einem Lehrbuch Kritik an der Anatomie Galens geübt hatte. Von ca. 1550 an wurde in Wittenberg Anatomie ausschließlich nach Vesal gelehrt. Unter Melanchthons Schülern, z.B. bei Paul Eber, findet sich Interesse an der Anatomie und auch eine besondere Wertschätzung Vesals zu einem frühen Zeitpunkt.

In einigen Bereichen war Melanchthon noch ganz traditionell. In seiner Physik folgte er Aristoteles und in Fragen des Weltbilds Ptolemäus. Er hat die Naturwissenschaft als Naturphilosophie verstanden und konnte Bibelworte als naturphilosophische Aussagen deuten. Die Vereinbarkeit der Naturwissenschaften mit dem Glau-

ben war ihm ein wichtiges Anliegen. Das Erforschen der Natur hat
er in die Suche nach Gott eingeordnet. Mathematik war für ihn ein
Weg zur Erkenntnis Gottes, sie war Offenbarung göttlicher Auto-
rität und Ordnung, weshalb sie sogar bei der Begründung einer
theologischen Ethik eine wichtige Rolle spielen konnte.

Melanchthon prägte viele Universitäten Deutschlands struktu-
rell und inhaltlich. Für die Beibehaltung des gestuften Studiums,
beginnend mit einem allgemein bildenden Grundstudium an der
philosophischen Fakultät, war er ebenso verantwortlich wie für
die weitere, noch lange andauernde Wertschätzung des Aristoteles in der Logik, aber auch in der Ethik. Erst im 19. Jahrhundert
wurde mit beidem gebrochen, wobei die Stufung in der Gegenwart
eine unerwartete Renaissance erlebt.

Von großer Bedeutung war auch Melanchthons Wertschätzung
einer breiten, Sprachen, Mathematik und Geschichte umfassenden
Allgemeinbildung als Grundlage eines jeden höheren Studiums.
Bis weit in die zweite Hälfte des 20. Jahrhunderts hinein gehörte
das Erlernen der lateinischen Sprache zu jeder höheren Bildung.
Für die Theologen ist bis heute nicht nur Latein, sondern auch He-
bräisch und Griechisch eine unverzichtbare Bildungsgrundlage,
wie es Melanchthon gewollt und praktiziert hatte.

Melanchthon hat entscheidend dazu beigetragen, dass sich
moderne Naturwissenschaften als Unterrichtsfächer etablieren
konnten. Ihm war es zu verdanken, dass Geografie Schulfach
wurde. Er hatte ferner maßgeblichen Einfluss auf die Absicherung
der Medizin als humanistische Wissenschaft, auf die Entwicklung
des öffentlichen Gesundheitswesens und auf die institutionelle
Verankerung einer humanistischen Medizin in den Satzungen der
protestantischen Universitäten.

Neben der Vorlesung und der Disputation, dem Vorläufer des
heutigen Seminars, schätzte Melanchthon den akademischen Vor-
trag, hielt selbst viele Reden und schrieb solche für seine Kollegen
und Schüler. Bis heute hat sich die Wertschätzung akademischer
Vorträge erhalten.

Melanchthons Loci dienten zahlreichen späteren Dogmatiken
als Vorbild im Titel, Stil und Inhalt. Bis weit in das 18. Jahrhundert
hinein, vereinzelt sogar noch im 19. Jahrhundert waren „Loci" im
Theologiestudium in Gebrauch.

Das deutsche Reformiertentum wurde nachhaltig von Melanchthon geprägt. Hierfür steht der 1562/63 geschaffene Heidelberger Katechismus, für den ein Schüler Melanchthons, Zacharias Ursinus, verantwortlich zeichnete, der dafür neben Texten Calvins auch solche Melanchthons verwendet hat.

In Island war Melanchthon der einflussreichste Reformator, in Dänemark und Norwegen wurden die Pfarrer nach seinen Loci unterwiesen, in England wurden über zwanzig seiner Werke in die Volkssprache übersetzt. Besonders prägend wirkte er auch für Böhmen. In Frankreich war er bekannter als Luther. Die Loci wurden in Italien gelesen und geschätzt, wo es humanistische Zirkel gab. An der Jesuitenuniversität von Évora in Portugal fanden seine Lehrbücher für den artistischen Unterricht Verwendung.

Nicht nur der seit dem späten 16. Jahrhundert für Melanchthon gebräuchliche Titel Praeceptor Germaniae (Lehrer Deutschlands) ist also angemessen, sondern er wurde zu Recht in neuerer Zeit auch als Praeceptor Scandinaviae, Praeceptor Angliae, ja als Praeceptor Europae bezeichnet.

Weitere Wirkungslinien Melanchthons führen zu den protestantischen Kirchenunionen des 19. Jahrhunderts, zur Leuenberger Konkordie von 1973 sowie zur lutherisch-katholischen Rechtfertigungs-Konsenserklärung von 1999. Und selbst das in der Gegenwart im evangelischen Bereich aufkommende neue Interesse an Heiligen – an Vorbildern des christlichen Glaubens und Lebens aus der Geschichte – lässt sich mit Melanchthon in Verbindung bringen.

Allerdings gibt es auch Bereiche, in denen der Reformator heutigen Entwicklungen energisch widersprochen hätte. Dazu gehört die bei evangelischen Christen zunehmend zu findende Missachtung der Bildung, der sprachlichen, aber auch der theologischen Bildung, sowie der Verzicht auf das Stellen der Wahrheitsfrage und der Mangel an theologischer Verbindlichkeit.

Das Melanchthonjubiläum 2010 sowie die Lutherdekade 2008– 2017 bieten Anlass, auf Melanchthon zu hören und danach zu fragen, was er heute seiner Kirche sagen könnte. Vielleicht entsteht daraus ein innerer Erneuerungsprozess, der bis zum 500. Jubiläum der Confessio Augustana im Jahre 2030 oder spätestens bis zu Melanchthons 500. Todestag im Jahre 2060 dem Protestantismus und vielleicht sogar der Christenheit insgesamt eine neue Gestalt gibt.

# Melanchthongedenken und -forschung

Das älteste Zeugnis von Melanchthonverehrung wurde bereits zu Lebzeiten des Gelehrten geschaffen und ist der noch heute in gutem Zustand erhaltene Reformatorenaltar in der Wittenberger Stadtkirche, von Lukas Cranach d.Ä. vor 1539 begonnen, von seinem Sohn Lukas Cranach d.J. 1547 vollendet. Er zeigt auf dem linken Seitenflügel, wie Melanchthon ein Kind tauft, und demonstriert damit die Lehre vom allgemeinen Priestertum, denn Melanchthon war kein Priester und kein Pfarrer. Es ist allerdings nicht bezeugt, dass Melanchthon je getauft hätte. Unter den zahlreichen Frauen auf den verschiedenen Altarbildern, darunter Katharina Luther, könnte auch Katharina Melanchthon abgebildet sein. Bislang gelang es aber nicht, sie zu identifizieren.

Zahlreich sind die Porträts, die sich von Melanchthon erhalten haben. Sie zeigen einen nicht nur kleinen, sondern immer auch hageren und etwas zerstreut wirkenden Gelehrten. Melanchthon ist sich immer treu geblieben. Er hat keine mit Luthers mehrfachen Umbrüchen vergleichbaren Wandlungen erlebt. Das bezeugen auch die Bilder. Anders als Lutherporträts wurden Melanchthonbilder nicht für die Reformationspropaganda verwendet.

In nachreformatorischer Zeit wurde Melanchthon geschätzt, aber nicht verehrt. Eine überschwängliche Verehrung, die bald schon der mittelalterlichen Heiligenverehrung glich, wurde Luther zuteil. Schon im späten 16. Jahrhundert pilgerten Menschen zu seinem Wittenberger Wohnhaus, wo ihnen seine Stube gezeigt wurde, in der die Tischgespräche gehalten worden waren, und zur Wartburg, wo sie einen Tintenklecks an der Wand von Luthers Kammer zu sehen bekamen, der angeblich von seinem Kampf gegen den Teufel zeugte. Melanchthons Wirkungsstätten wurden nicht besucht.

In Wittenberg trat Melanchthon nach 1602, als seine Loci nicht mehr Vorlesungen zugrunde gelegt wurden, völlig in den Hintergrund. Die Wittenberger Universität wurde zu einem weiteren

Hort des strengen Luthertums. Die dortigen Theologen sahen Melanchthon und seine Theologie kritisch. Ein Bildnis Melanchthons wurde, möglicherweise durch Fakultätsbeschluss, aus dem Großen Hörsaal im ehemaligen Augustinerkloster entfernt. Luthers Bild dagegen ließ man hängen. Noch einmal traf Melanchthon also die „Wut der Theologen", von der er sich im April 1560 erlöst wähnte.

Der Bahnbrecher der modernen Melanchthonforschung war der Nürnberger Pfarrer Georg Theodor Strobel im 18. Jahrhundert. Er gab 1777 die 1566 von Joachim Camerarius geschriebene erste Melanchthonbiografie neu heraus.

Das Interesse an Melanchthon wurde im 19. Jahrhundert stärker, und nun lassen sich auch Ansätze zur Verehrung finden. Diese Entwicklung hing allgemein mit der im 19. Jahrhundert zu beobachtenden Hinwendung zur Geschichte zusammen, speziell aber auch mit der Entstehung von Unionskirchen in Deutschland, zu denen sich, beginnend mit Preußen im Jahre 1817, lutherische und reformierte Christen zusammenschlossen. Melanchthon war die Verkörperung des Einheitsgedankens, schon in der Reformationszeit. Das von ihm geschaffene Bekenntnis, die Confessio Augustana, gab den Unionen eine tragfähige Grundlage. In der Folge wurden die ersten Denkmäler für Melanchthon aufgestellt.

Weitere Biografien folgten, beinahe inflationär, von Friedrich Galle 1840, Karl Matthes 1841, Carl Schmidt 1861 und Georg Ellinger 1902. 1958 legte Clyde Leonard Manschreck eine englische Biografie vor und Nello Caserta 1960 eine italienische. 1997 erschien nach beinahe hundert Jahren erstmals wieder eine Melanchthonbiografie in deutscher Sprache, verfasst von Heinz Scheible. Die bislang einzige Gesamtdarstellung der Theologie Melanchthons stammt von Gottfried Albert Herrlinger (1841–1901) und ist inzwischen 130 Jahre alt.

Veranlasst von Karl Gottlieb Bretschneider (1776–1848), Generalsuperintendent in Gotha, wurden Melanchthons Werke neu gedruckt. Bretschneider war theologisch ein gemäßigter Rationalist und übte Bibelkritik, indem er erstmals erklärte, das Johannesevangelium und die Johannesbriefe stammten nicht vom Lieblingsjünger Jesu. Bretschneider initiierte das „Corpus Reformatorum", eine umfassende Edition von Reformationsschriften, und übernahm selbst Melanchthon. 1834 erschien der erste Band. 1848 starb Bretschneider. In seinem Todesjahr kam Band 15 heraus.

Heinrich Ernst Bindseil (1803–1876), Bibliothekar in Halle, edierte anschließend die Bände 16–28.

Vor dem Wittenberger Rathaus wurde 1865 ein Standbild Melanchthons errichtet, geschaffen von dem Künstler Friedrich Drake (1805–1882). Ein Lutherstandbild gab es bereits seit 1821. 1930 erhielt die Universität Halle, die heute den Namen „Martin-Luther-Universität Halle-Wittenberg" trägt, eine von Gerhard Marcks (1889–1981) geschaffene Büste Melanchthons.

Der Berliner Kirchenhistoriker Nikolaus Müller (1857–1912), der beste Melanchthonkenner seiner Zeit, gründete im Jahre 1897 das Melanchthonhaus in Bretten an der Stelle, wo bis 1689, als es von Franzosen bei einem kriegerischen Überfall auf Süddeutschland zerstört wurde, Melanchthons Geburtshaus gestanden hatte. Er sammelte alles, was mit Melanchthon in Zusammenhang stand: Bücher, Bilder und Münzen. Heute beherbergt das im Stil des Historismus errichtete Gebäude eine einzigartige Sammlung von ca. 11.000 Büchern und 450 Autografen, ferner zahlreiche Statuen, Wappen, Gemälde, Gedenkmünzen und Grafiken. Die aus Wand- und Deckentäfelungen, Skulpturen, Wandgemälden und sonstigen Kunstwerken, Bücherschränken, Vitrinen und anderem Mobiliar bestehende Innengestaltung samt wertvollen Butzenscheiben blieb seit der Eröffnung des Hauses im Jahre 1903 unverändert.

Als Folge der Lutherrenaissance zu Beginn des 20. Jahrhunderts und der dialektischen Theologie wurde es wieder still um Melanchthon. In der zweiten Hälfte des 20. Jahrhunderts bekam jedoch die katholische Theologie großes Interesse am Reformator neben Luther. Der Theologieprofessor Joseph Ratzinger (geb. 1927), der heutige Papst Benedikt XVI., hielt in den Jahren 1958–1963 Melanchthonseminare in Freising und Bonn und stieß Doktorarbeiten über Melanchthon an. Seine Motivation war es damals, auf diese Weise die Ökumene voranzubringen. Gleichzeitig begann die Heidelberger Akademie der Wissenschaften mit einer Neuausgabe von Melanchthons Briefwechsel. Die dafür 1963 errichtete Forschungsstelle wurde lange Jahre von dem Theologen Heinz Scheible (geb. 1931) geleitet. Er profilierte sich zum bislang bedeutendsten Melanchthonkenner. Die Forschungsstelle sammelte 10.000 Briefe, Gutachten, Vorreden und Widmungen Melanchthons und edierte zunächst Regesten, dann nach und nach die Texte.

Richtig populär wurde Melanchthon erstmals im Umfeld der

Feier seines 500. Geburtstages im Jahre 1997. Hierbei hat sich der
damalige Kustos des Brettener Melanchthonhauses, Stefan Rhein
(geb. 1958), große Verdienste erworben. Vor, während und nach
dem Jubiläum sind zahlreiche Veröffentlichungen zu Melanchthon erschienen, die vereinzelt, wie eine Sammlung seiner Gebete,
sogar mehrere Auflagen erlebten. In vielen Kirchengemeinden
Deutschlands wurden Vorträge über Melanchthon gehalten, und
Gemeindegruppen besuchten seine Geburtsstadt Bretten ebenso
wie seine Wirkungsstätte Wittenberg. Melanchthon war erstmals
an der kirchlichen Basis angelangt. Wichtige Forschungsanstöße
vermittelten die Symposien und Tagungen, die 1996/97 anlässlich
des Jubiläums in Bretten und in Wittenberg, ferner in Leipzig,
Dessau, Heidelberg, Nürnberg und Mainz abgehalten wurden.

Das Melanchthonjubiläum 1997 hat auch aufgeräumt mit zahlreichen Legenden, sowohl mit sympathischen wie der Behauptung, Melanchthon sei schon zu Lebzeiten Praeceptor Germaniae,
Lehrer Deutschlands, genannt worden, als auch mit diffamieren-
den wie der schon im 17. Jahrhundert u.a. bei Gottfried Arnold
zu findenden Erzählung, der Wittenberger Theologieprofessor Le-
onhart Hütter habe vierzig Jahre nach Melanchthons Tod dessen
Bild im Hörsaal heruntergerissen und mit seinen Füßen zertreten.
Auch die ebenfalls durch die Reformationsliteratur geisternde Behauptung, Luther habe Melanchthon 1530 von der Coburg aus als
Leisetreter beschimpft, wurde korrigiert.

2004 wurde in Bretten, mit Unterstützung der Stadt und der badischen Kirche, die Europäische Melanchthon-Akademie gegründet, die sich die Erforschung des geistigen und kulturellen Erbes
Melanchthons für das heutige Europa zum Ziele setzt. Sie bemüht
sich um die historisch-kritische Bearbeitung aller auf die universale
Dimension des Humanisten und Reformators bezogener Diszi-
plinen. Dazu gehören neben der Reformations- und Religionsgeschichte auch die Frühneuzeitforschung, Politik, Ethik, Bildungsgeschichte sowie der interkonfessionelle und interreligiöse Dialog.
Die Ausrichtung der wissenschaftlichen Arbeit an der Akademie
schlägt von den intellektuellen und kulturellen Inhalten der Frühen
Neuzeit und ihren vielfältigen Zeitbezügen den Bogen zur Gegenwart. Eine kritische Neuausgabe der Werke Melanchthons wird
ebenfalls vorbereitet. Die Akademie wird vom Kustos des Brettener
Melanchthonhauses, Günter Frank (geb. 1956), geleitet.

Der bereits 1897 gegründete Melanchthon-Verein Bretten betreut das Melanchthonhaus und seine Bibliothek und fördert die Melanchthonforschung. Die Stadt Bretten verleiht alle drei Jahre den renommierten Melanchthonpreis für herausragende Forschungsbeiträge über den aus Bretten stammenden Reformator. Preisträger waren bislang Siegfried Wiedenhofer, Günther Wartenberg, Cornelis Augustijn, Heinz Scheible, Timothy Wengert, Beat Jenny, Volkhard Wels und Nicole Kuropka.

# Melanchthon selbst lesen und studieren

Melanchthons Schriften, Reden und Briefe stehen zur Verfügung, vielfach sogar in deutscher Sprache, und laden zu eigener Lektüre ein. Sie sind hervorragend dafür geeignet, Grundgedanken der Reformation kennen zu lernen und zu studieren. Nüchtern und klar, verständlich und anschaulich entfaltet Melanchthon die evangelische Lehre. Viele seiner Gedanken sind heute noch relevant und anregend. Auch die lateinischen Texte Melanchthons sind für diejenigen, die Latein gelernt haben, einladend. Sie sind weitaus einfacher zu lesen als lateinische Schriften von Luther oder Erasmus. Neben den Loci sind vor allem die zahlreichen akademischen Reden Melanchthons für die Lektüre in der lateinischen Originalsprache zu empfehlen.

Für den Anfänger eignen sich die beiden Bände „Melanchthon deutsch", die eine hervorragende Auswahl einschlägiger Melanchthontexte bieten, viele aus dem Lateinischen ins Deutsche übersetzt. Speziell Schul- und Bildungsfragen betreffende Texte des Reformators sind in dem kleinen Bändchen „Glaube und Bildung" zusammengestellt. Gebete und erbauliche Melanchthonworte finden sich in dem Taschenbuch „Ich rufe zu dir".

Wer sich mit Melanchthons Theologie näher und tiefer befassen möchte, greift zu den Loci von 1521, die es in einer deutschlateinischen Studienausgabe gibt. Außerdem empfiehlt sich ergänzend die von Melanchthon selbst geschaffene deutsche Fassung der Loci von 1553 („Heubtartikel"), bei der sich der Leser aber auf das altertümliche Deutsch des 16. Jahrhunderts einlassen muss.

Die eigenständige wissenschaftliche Beschäftigung mit Melanchthon beginnt mit der Schriftenauswahl „Melanchthons Werke". Hier stehen lateinische und deutsche Texte zu einem breiten Themenspektrum in ihren Originalfassungen. Für alles, was in dieser Ausgabe keine Berücksichtigung fand, kann auf das „Corpus Reformatorum" aus dem 19. Jahrhundert zurückgegriffen werden. Bei speziellen Fragestellungen müssen aber weiterhin

Originaldrucke des 16. Jahrhunderts herangezogen werden. Zum Beispiel lässt sich die kontinuierliche Weiterentwicklung von Melanchthons Theologie, wie sie sich in den frühen Loci von Auflage zu Auflage spiegelt, nur anhand der Originaldrucke beobachten.

Wer sich für Melanchthons Sicht der Zeitereignisse interessiert, muss seine Briefe lesen. Dabei greift man zunächst zu den Regesten, die einen vollständigen Überblick über Melanchthons Briefwechsel und über seine zahlreichen Vorreden und Gutachten geben. Hier ist eine rasche Orientierung möglich, unterstützt durch hilfreiche Register und Anmerkungen. Die Regesten nennen Datum, Autor und Empfänger und geben einen Überblick über den Inhalt des Textes. Die Originale zu lesen ist bis zum Jahr 1540 inzwischen einfach, denn sie wurden in „Melanchthons Briefwechsel" neu und sorgfältig ediert. Für die späteren Texte kann die Lektüre je nach Fall deutlich umständlicher sein; die Regesten nennen aber die Orte, wo sie bislang zur Verfügung stehen. In einzelnen Fällen sind die Texte noch gar nicht ediert. Dann hilft die Melanchthon-Forschungsstelle in Heidelberg weiter.

Die von Melanchthon stammenden Bekenntnisschriften – die Confessio Augustana, die Apologie und der Traktat über das Papsttum – finden sich in der Sammlung „Die Bekenntnisschriften der evangelisch-lutherischen Kirche" sowie in modernisierter Fassung in „Unser Glaube".

Melanchthons Schriften haben einen anderen Charakter als die Luthers. Luthers Werke sind aus inhaltlichen und sprachlichen Gründen spannender als die Melanchthons. Luther hatte sich allerdings nicht gewünscht, dass die Nachwelt seine Schriften liest. Gerade seinen heute besonders geschätzten Schriften des Jahres 1520, von der modernen Theologie als reformatorische Hauptschriften bezeichnet, wünschte er wegen ihrer Unausgereiftheit den Untergang. Luther empfahl seinen Anhängern und Verehrern immer, stattdessen die Bibel zu lesen – und Melanchthons Loci.

# Zeittafel

1453 Eroberung Konstantinopels durch die Türken

1492 Entdeckung Amerikas durch Kolumbus

1483 (?) Geburt Luthers

1484 Geburt Zwinglis

1497 (16.2.) Geburt Philipp Schwartzerdts/Melanchthons in Bretten

1505 Luthers Klostereintritt

1508 Philipps Großvater und Vater sterben

1509 Geburt Calvins

1509 Philipp studiert in Heidelberg

1509 Reuchlin gibt Philipp Schwartzerdt den Namen Melanchthon

1512 Melanchthon wechselt nach Tübingen

1514 Melanchthon legt in Tübingen die Magisterprüfung ab

**1517 Luthers Thesen**

1518 Heidelberger Disputation

1518 Melanchthon wird Griechischprofessor in Wittenberg

1519 Zwingli wird Pfarrer in Zürich

1519 Leipziger Disputation

1520 Luthers reformatorische Hauptschriften

1520 Melanchthon heiratet Katharina Krapp

**1521 Reichstag in Worms**

1521 Die „Loci communes" erscheinen

1521 Melanchthon feiert erstmals Abendmahl mit Brot und Wein

1522 Beginn der Reformation in Zürich

1522 Melanchthons Tochter Anna wird geboren

1523 1. und 2. Zürcher Disputation

1524 Reformation in Hessen

1525 Melanchthons Sohn Philipp wird geboren

1525 Bauernkrieg

1525 Melanchthon begegnet Caritas Pirckheimer

1526 Reichstag in Speyer

1526 Melanchthons Sohn Georg wird geboren

1528 Melanchthon reformiert das Schulwesen in Kursachsen

1529 Protestation von Speyer

1529 Marburger Religionsgespräch

**1530 Augsburger Reichstag und Confessio Augustana**

1531 Melanchthons Tochter Magdalena wird geboren

1531 Tod Zwinglis

1534 Reformation in Württemberg

1535 Ende des Wiedertäuferreichs von Münster

1536 Tod des Erasmus

1537 Schmalkaldische Artikel

1540 Krankheit Melanchthons in Weimar

1541 Regensburger Religionsgespräch

1543 Reformation in Osnabrück

**1545–1563 Konzil von Trient**

1546 Tod Luthers

**1546/47 Schmalkaldischer Krieg**

1547 Tod von Anna Melanchthon

1548 Augsburger Interim

1552 Fürstenkrieg

1552 Passauer Vertrag

1553 Melanchthons deutsche Ausgabe der Loci

**1555 Augsburger Religionsfriede**

1557 Religionsgespräch in Worms

1557 Tod von Katharina Melanchthon geb. Krapp

1560 (19.4.) Tod Melanchthons

1564 Tod Calvins

1575 Konkordienformel

1580 Konkordienbuch

**1618 Beginn des Dreißigjährigen Kriegs**

1648 Friede von Münster und Osnabrück

# Quellen und Texte

Akten der deutschen Reichsreligionsgespräche im 16. Jahrhundert. Bd. 1–3 / Klaus Ganzer (Hg.). Göttingen : Vandenhoeck & Ruprecht, 2000–2007.

Das Augsburger Interim : Nach den Reichstagsakten deutsch und lateinisch / Joachim Mehlhausen (Hg.). 2., erw. Aufl. Neukirchen-Vluyn : Neukirchener, 1996 (Texte zur Geschichte der evangelischen Theologie 3).

Das Wormser Buch : Der letzte ökumenische Konsensversuch vom Dezember 1540 in der deutschen Fassung von Martin Bucer / Richard Ziegert (Hg.) ; Cornelis Augustijn (Bearb.). Frankfurt a.M. : Spener, 1995.

Die Bekenntnisschriften der evangelisch-lutherischen Kirche : Herausgegeben im Gedenkjahr der Augsburgischen Konfession 1930. 12. Aufl. Göttingen : Vandenhoeck & Ruprecht, 1998.

Ich rufe zu dir : Gebete des Reformators Philipp Melanchthon / Martin H. Jung (Zusammenstellung ; Bearbeitung ; Erläuterung) ; Gerhard Weng (Mitarb.) ; Klaus-Dieter Kaiser (Hg. im Auftrag des Melanchthon-Komitees der EKD). 3. Aufl. (ND der 2., verb. Aufl.). Frankfurt a.M. : GEP, 1997 (GEP-Buch).

Melanchthon deutsch / Michael Beyer (Hg.) ; Stefan Rhein (Hg.) ; Günther Wartenberg (Hg.). Bd. 1–2. Leipzig : Evangelische Verlagsanstalt, 1997.

Melanchthon, Philipp: (T. 1–3) ; Peucer, Kaspar (T. 3–5): CHRONICON CARIONIS EXPOSITVM ET AVCTVM MVLTIS ET VETERIBVS ET RECENTIBVS HISTORIIS, IN DESCRIPTIONIBVS REGNORVM ET GENTIVM ANtiquarum, et narrationibus rerum Ecclesiasticarum, et Politicarum, Graecarum, Romanarum, Germanicarum et aliarum, ab exordio Mundi vsque ad CAROLVM QVINTVM Imperatorem. […] T. 1–5. Wittenberg : Crato, 1572.

Melanchthon, Philipp: […] CONSILIA sive IVDICIA THEOLOGICA, Itemque RESPONSIONES AD QVAESTIONES DE rebus variis ac multiplicibus secundum seriem annorum digestae. Vna cum FRAGMENTIS NARRATIONVM HIstoricarum pertinentium ad Acta plurimorum Conuentuum Theologicorum […] / Christoph Pezel (Hg.). T. 1–2. Neustadt : Harnisius, 1600.

–: A Godlye treatyse of Prayer, translated into Englishe, By John Bradforde. London : Wight, [zw. 1550 u. 1557].

–: Briefwechsel. Bd. 1 : 1510–1528 / Otto Clemen (Hg.). (Nachdr. der Ausg. Leipzig : Heinsius, 1926). Frankfurt a.M. : Minerva, 1968 (Supplementa Melanchthonia 6/1).

–: Dogmatische Schriften / Otto Clemen (Hg.). T. 1. (Nachdr. der Ausg. Leipzig : Haupt, 1910). Frankfurt a.M. : Minerva, 1968 (Supplementa Melanchthonia 1/1).

–: Enarratio secundae tertiaeque partis Symboli Nicaeni (1550) / Hans-Peter Hasse (Hg. ; Einl.). Gütersloh : Verlagshaus, 1996 (Quellen und Forschungen zur Reformationsgeschichte 64).

–: Epistolae, iudicia, consilia, testimonia aliorumque ad eum epistolae quae in Corpore Reformatorum desiderantur / Heinrich Ernst Bindseil (Hg.) ; Robert Stupperich (Nachtr.). (Repr. der Ausg. Halle [Saale] : Schwetschke, 1874). Hildesheim : Olms, 1975.

–: Glaube und Bildung : Texte zum christlichen Humanismus / Günter R. Schmidt (Hg.) Stuttgart : Reclam, 1989 (Universal Bibliothek 8609).

–: Grundbegriffe der Glaubenslehre (Loci communes) 1521 / Friedrich Schad (Übers.) ; Karl Heim (Geleitwort). München : Kaiser, 1931.

–: Heubtartikel christlicher Lere : Melanchthons deutsche Fassung seiner Loci theologici : Nach dem Autograph und dem Originaldruck von 1553 / Ralf Jenett (Hg.) ; Johannes Schilling (Hg.). Leipzig : Evangelische Verlagsanstalt, 2002.

–: Loci Communes / das ist / die furnemesten Artikel Christlicher lere / Philippi Melanch[thonis]. Aus dem Latin verdeudscht / durch Justum Jonam. Wittenberg : Rhaw, 1536.

–: Loci communes 1521 : Lateinisch – deutsch / Horst Georg Pöhlmann (Übers. ; Anm.). 2., durchges. u. korr. Aufl. Gütersloh : Verlagshaus, 1997.

–: Loci theologici recens recogniti. Avtore Philip[pi] Melanthone. VVitebergae. Anno. 1543. Wittenberg : Seitz, 1544.

–: Omnia opera reverendi viri Philippi Melanthonis [...]. T. 1. Wittenberg : Crato, 1562.

–: Opera quae supersunt omnia / Karl Gottl[ieb] Bretschneider (Hg. v. Bd. 1–15) ; Heinrich Ernst Bindseil (Hg. v. Bd. 16–28). Bd. 1–28. (Nachdr. der Ausg. Halle [Saale] [Bd. 1–18] ; Braunschweig [Bd. 19–28]: Schwetschke, 1834–1850 ; 1850–1860). New York : Johnson, 1963 (Corpus Reformatorum 1–28).

–: Philologische Schriften / Hanns Zwicker (Hg.). T. 1. (Unver. Nachdr. der Ausgabe Leipzig : Haupt, 1911). Frankfurt a.M. : Minerva, 1968 (Supplementa Melanchthonia 2/1).

–: Schriften zur praktischen Theologie. T. 1 : Katechetische Schriften / Ferdinand Cohrs (Hg.). (Repr. der Ausg. Leipzig : Haupt, 1915). Frankfurt a.M. : Minerva, 1968 (Supplementa Melanchthonia 5/1).

–: Schriften zur praktischen Theologie. T. 2 : Homiletische Schriften / Paul Drews (Hg.) ; Ferdinand Cohrs (Hg.). (Repr. der Ausg. Leipzig : Heinsius, 1929). Frankfurt a.M. : Minerva, 1968 (Supplementa Melanchthonia 5/2).

–: Werke : in einer auf den allgemeinen Gebrauch berechneten Auswahl / Friedrich August Koethe (Hg. ; Übers.). T. 1–4 ; T. 5–6. Leipzig : Brockhaus, 1829 ; 1830.

–: Werke in Auswahl : [Studienausgabe] / Robert Stupperich (Hg.). Bd. 1 :
   Reformatorische Schriften / Robert Stupperich (Hg.) ; Bd. 2, T. 1 : Loci
   communes von 1521, Loci praecipui theologici von 1559 (1. Teil) / Hans Engelland (Bearb.) ; Robert Stupperich (Bearb.) ; Bd. 2, T. 2 : Loci praecipui
   theologici von 1559 (2. Teil) und Definitiones / Hans Engelland (Bearb.) ;
   Robert Stupperich (Bearb.). 2., neubearb. Aufl. [auch in der Seitenzählung
   von der 1. Aufl. verschieden]. Gütersloh : Mohn, 1983 ; 1978 ; 1980.

–: Werke in Auswahl : [Studienausgabe] / Robert Stupperich (Hg.). Bd. 3 :
   Humanistische Schriften / Richard Nürnberger (Hg.) ; Bd. 4 : Frühe ex-
   egetische Schriften / Peter F[riedrich] Barton (Hg.) ; Bd. 5 : Römerbrief-
   Kommentar 1532 / Rolf Schäfer (Hg.) ; Gerhard Ebeling (Mithg.). 2. Aufl.
   [Nachdr. der 1. Aufl.]. Gütersloh : Mohn, 1969 ; 1980 ; 1983.

–: Werke in Auswahl : [Studienausgabe] / Robert Stupperich (Hg.). Bd. 6 : Bekenntnisse und kleine Lehrschriften / Robert Stupperich (Hg.). Gütersloh :
   Bertelsmann, 1955.

–: Werke in Auswahl : [Studienausgabe] / Robert Stupperich (Hg.). Bd. 7 /
   Hans Volz (Hg.). T. 1 : Ausgewählte Briefe 1517–1526 ; T. 2 : Ausgewählte
   Briefe 1527–1530. Gütersloh : Mohn, 1971 ; 1975.

Melanchthons Briefwechsel : Kritische und kommentierte Gesamtausgabe :
   Regesten / Heinz Scheible (Hg. ; Bearb. Bd. 1–7) ; Walter Thüringer (Mit-
   bearb. Bd. 4–7). Bd. 1–8 : Regesten 1–9301 : (1514–1560) ; Bd. 9 : Addenda
   und Konkordanzen ; Bd. 10: Orte A–Z und Itinerar ; Bd. 11–12 : Personen.
   Stuttgart-Bad Cannstatt : frommann-holzboog, 1977–2005.

Melanchthons Briefwechsel : Kritische und kommentierte Gesamtausgabe :
   Texte [1514–1540] / Heinz Scheible (Hg.). Bd. T. 1–9 / Richard Wetzel (Bearb. Bd.1–3) ; Johanna Loehr (Bearb. Bd. 4) ; Walter Thüringer (Bearb.
   Bd. 5) ; Christine Mundhenk (Bearb. Bd. 6ff). Stuttgart-Bad Cannstatt :
   frommann-holzboog, 1991–2008.

Philipp Melanchthons „Rhetorik" / Joachim Knape (Hg.). Tübingen : Nie-
   meyer, 1993 (Rhetorik-Forschungen 6).

Unser Glaube : Die Bekenntnisschriften der evangelisch-lutherischen Kirche :
   Ausgabe für die Gemeinde / Horst Georg Pöhlmann (Bearb.). 5. Aufl. Gütersloh : Verlagshaus, 2004.

# Literatur

Zu Melanchthon gibt es sehr viel Literatur. Im Folgenden werden beinahe ausnahmslos nur Titel angeführt, die seit 1997 erschienen, und solche, die für die Vertiefung einiger unkonventioneller in diesem Buch behandelter Themen wichtig sind. Die ältere Literatur, bis 1991, ist nahezu vollständig erfasst in Heinz Scheibles TRE-Artikel (Scheible: Melanchthon, Philipp) sowie, 1991 bis 1996, in Heinz Scheibles Melanchthonbiografie (Scheible: Melanchthon).

„Als ich ein Kind war …" : Bretten 1497 : Alltag im Spätmittelalter : Begleitbuch zur Ausstellung / Peter Bahn (Hg.). Ubstadt-Weiher : Verl. Regionalkultur, 1997.

500 Jahre Philipp Melanchthon (1497–1560) : Akten des interdisziplinären Symposions vom 25.–27. April 1997 im Nürnberger Melanchthon-Gymnasium / Reinhold Friedrich (Hg.) ; Klaus A. Vogel (Hg.). Wiesbaden : Harrassowitz, 1998 (Pirckheimer Jahrbuch für Renaissance- und Humanismusforschung 13).

Arnhardt, Gerhard ; Reinert, Gerd-Bodo: Philipp Melanchthon : Architekt des neuzeitlich-christlichen deutschen Schulsystems : Studienbuch. Donauwörth : Auer, 1997 (Geschichte und Reflexion).

Augustijn, Cornelis: Erasmus : Der Humanist als Theologe und Kirchenreformer. Leiden : Brill, 1996 (Studies in Medieval and Reformation Thought 59).

Berwald, Olaf: Philipp Melanchthons Sicht der Rhetorik. Wiesbaden : Harrassowitz, 1994 (Gratia 25).

Beutel, Albrecht (Hg.): Luther Handbuch. Tübingen : Mohr, 2005 (Theologen-Handbücher).

Der Theologe Melanchthon : [Vorträge der internationalen Melanchthontagung, Bretten, Februar 1997] / Günter Frank (Hg.). Stuttgart : Thorbecke, 2000 (Melanchthon-Schriften der Stadt Bretten 5).

Detmers, Achim: Reformation und Judentum : Israel-Lehren und Einstellungen zum Judentum von Luther bis zum frühen Calvin. Stuttgart : Kohlhammer, 2001 (Judentum und Christentum 7).

Deutsche Geschichte in Quellen und Darstellung. Bd. 3 : Reformationszeit : 1495–1555 / Ulrich Köpf (Hg.). Stuttgart : Reclam, 2001 (Universal-Bibliothek 17003).

Die ehemalige herzogliche Bibliothek, Otto I. und Philipp Melanchthon : Eine Ausstellung aus Anlaß des Melanchthon-Jahres 1997 / Ralf Busch ; Jens-

Martin Kruse. Hamburg : Museum für Archäologie und die Geschichte
   Harburgs, 1997 (Veröffentlichungen des Hamburger Museums für Archäologie und die Geschichte Harburgs 77).

Diestelmann, Jürgen: Usus und Actio : Das Heilige Abendmahl bei Luther und
   Melanchthon. Berlin : Pro Business, 2007.

Dithmar, Reinhard: Auf Luthers Spuren : Ein biographischer Reiseführer.
   Leipzig : Evangelische Verlagsanstalt, 2006.

Erinnerung an Melanchthon : Beiträge zum Melanchthonjahr 1997 aus Baden.
   Karlsruhe : Evangelischer Presseverband für Baden, 1998 (Veröffentlichungen des Vereins für Kirchengeschichte in der Evangelischen Landeskirche
   in Baden 55).

Estes, James M.: Peace, Order and the Glory of God : Secular Authority and
   the Church in the Thought of Luther and Melanchthon : 1518–1559. Leiden :
   Brill, 2005 (Studies in Medieval and Reformation Traditions 111).

Fragmenta Melanchthoniana : Zur Geistesgeschichte des Mittelalters und der
   frühen Neuzeit. Bd. 1 / Günter Frank (Hg.) ; Sebastian Lalla (Hg.): Heidelberg : regionalkultur [Fragmenta Melanchthoniana 1].

Frank, Günter: Die theologische Philosophie Philipp Melanchthons (1497–
   1560). Leipzig : Benno, 1995 (Erfurter theologische Studien 67).

Gäbler, Ulrich: Huldrych Zwingli : Leben und Werk / Martin Sallmann (Hg.).
   Zürich : TVZ, 2004.

Gedenken und Rezeption : 100 Jahre Melanchthonhaus / Günter Frank (Hg.).
   Heidelberg : Verl. Regionalkultur, 2003 (Fragmenta Melanchthoniana 2).

Glaube und Bildung : Faith and Culture : Referate und Berichte des Neunten
   Internationalen Kongresses für Lutherforschung : Heidelberg, 17.–23. August 1997 / Helmar Junghans (Hg.). Göttingen : Vandenhoeck & Ruprecht,
   1999 (Lutherjahrbuch, Jg. 66, 1999).

Hammer, Wilhelm: Die Melanchthonforschung im Wandel der Jahrhunderte :
   Ein beschreibendes Verzeichnis. Bd. 4 : Register / Manfred Blankenfeld
   (Bearb.) ; Michael Reichert (Bearb.). Gütersloh : Verlagshaus, 1996 (Quel-
   len und Forschungen zur Reformationsgeschichte 65).

Haustein, Jörg (Hg.): Philipp Melanchthon : Ein Wegbereiter für die Ökumene. 2. Aufl. Göttingen : Vandenhoeck & Ruprecht, 1997 (Bensheimer
   Hefte 82).

Herrlinger, [Albert]: Die Theologie Melanchthons in ihrer geschichtlichen
   Entwicklung und im Zusammenhange mit der Lehrgeschichte und Cultur-
   bewegung der Reformation dargestellt. Gotha : Perthes, 1879.

Hoppmann, Jürgen G. H.: Astrologie der Reformationszeit : Faust, Luther,
   Melanchthon und die Sternendeuterei / Günther Mahal (Vorw.). Berlin :
   Zerling, 1998.

Humanismus und europäische Identität / Günter Frank (Hg.). Ubstadt-Weiher : Verl. Regionalkultur, 2009 (Fragmenta Melanchthoniana 4).

Humanismus und Wittenberger Reformation : Festgabe anläßlich des 500.
   Geburtstages des Praeceptor Germaniae Philipp Melanchthon am 16. Fe-

bruar 1997 : Helmar Junghans gewidmet / Michael Beyer (Hg) ; Günther Wartenberg (Hg.) ; Hans-Peter Hasse (Mitarb.). Leipzig : Evangelische Verlagsanstalt, 1996.

Janssen, Wibke: „Wir sind zum wechselseitigen Gespräch geboren" : Philipp Melanchthon und die Reichsreligionsgespräche von 1540/41. Göttingen : Vandenhoeck & Ruprecht, 2009 (Forschungen zur Kirchen- und Dogmengeschichte 98).

Jedin, Hubert (Hg.): Handbuch der Kirchengeschichte. Bd. 4 : Reformation, Katholische Reform und Gegenreformation / Erwin Iserloh ; Jodes Glazik ; Hubert Jedin. Sonderausg. Freiburg i.Br. : Herder, 1985.

Jesse, Horst: Leben und Wirken des Philipp Melanchthon : Monographie. Berlin : Frieling 1998.

Jung, Martin H. (Hg.) ; Walter, Peter (Hg.): Theologen des 16. Jahrhunderts : Humanismus, Reformation, Katholische Erneuerung : Eine Einführung. Darmstadt : Wissenschaftliche Buchgesellschaft, 2002.

Jung, Martin H. ; Walter, Peter: Einleitung : Theologie im Zeitalter von Humanismus, Reformation und Katholischer Erneuerung. In: Martin H. Jung (Hg.) ; Peter Walter (Hg.): Theologen des 16. Jahrhunderts. A.a.O., S. 9–30.

Jung, Martin H. ; Abendmahlsstreit : Brenz und Oekolampad. In: Blätter für württembergische Kirchengeschichte 100 (2000) = Vorträge des Brenz-Symposions Weil der Stadt 1999, S. 143–161.

–: Bemerkungen zur frömmigkeitsgeschichtlichen Erforschung der Reformationszeit. In: Bernd Jaspert (Hg.): Frömmigkeit : Gelebte Religion als Forschungsaufgabe : Interdisziplinäre Studientage [5.–7.2.1993]. Paderborn : Bonifatius, 1995, S. 93–100.

–: Christen und Juden : Geschichte der christlich-jüdischen Beziehungen. Darmstadt : Wissenschaftliche Buchgesellschaft, 2008.

–: Die Begegnung Philipp Melanchthons mit Caritas Pirckheimer im Nürnberger Klarissenkloster im November 1525. In: Jahrbuch für fränkische Landesforschung 56 (1996), S. 235–258.

–: Die Bibel im Streit zwischen den Konfessionen. In: Das Buch, ohne das man nichts versteht : Die kulturelle Kraft der Bibel / Georg Steins (Hg.) ; Franz Georg Untergaßmair (Hg.). Münster/Westf. : Lit, 2005 (Vechtaer Beiträge zur Theologie 11), S. 79–86.

–: Die Nonne von Mariastein : Eine weibliche Stimme im reformatorischen Disput um das Klosterleben. In: Zeitschrift für bayerische Kirchengeschichte 68 (1999), S. 12–20.

–: Die Reformation : Theologen, Politiker, Künstler. Göttingen : Vandenhoeck & Ruprecht, 2008.

–: Endzeithoffnungen und Jenseitserwartungen in der Reformationszeit. In: Apokalypse : Endzeiterwartungen im evangelischen Württemberg : [Ausstellungskatalog] / Eberhard Gutekunst (Red.). Ludwigsburg : Landeskirchliches Museum, 1999 (Kataloge und Schriften des Landeskirchlichen Museums 9), S. 95–99.

–: Evangelische Heiligenverehrung : Die Vorstellungen des Osnabrücker Reformators Hermann Bonnus In: Jahrbuch der Gesellschaft für niedersächsische Kirchengeschichte 102 (2004), S. 63–80.

–: Evangelisches Historien- und Heiligengedenken bei Melanchthon und seinen Schülern : Zum Sitz im Leben und zur Geschichte der protestantischen Namenkalender. In: Melanchthonbild und Melanchthonrezeption in der Lutherischen Orthodoxie und im Pietismus. A.a.O., S. 49–80.

–: Fliehen oder bleiben? : Der reformatorische Disput um das Klosterleben. In: Heidemarie Wüst (Hg.) ; Jutta Jahn (Hg.): Frauen der Reformation : Texte (einer Fachtagung zum Auftakt des Katharina-von-Bora-Jubiläums), Grußworte, Festvorträge. Wittenberg : Evangelische Akademie, 1999 (Tagungstexte der Evangelischen Akademie Sachsen-Anhalt 5), S. 131–143.

–: Frömmigkeit und Bildung : Melanchthon als religiöser Erzieher seiner Studenten. In: Fragmenta Melanchthoniana. A.a.O., S. 135–146.

–: Frömmigkeit und Theologie bei Philipp Melanchthon : Das Gebet im Leben und in der Lehre des Reformators. Tübingen : Mohr, 1998 (Beiträge zur historischen Theologie 102).

–: „Ich habe euch kein Weibergeschwätz geschrieben, sondern das Wort Gottes" : Flugschriftenautorinnen der Reformationszeit – Ihr Selbstverständnis im Kontext reformatorischer Theologie. In: Luther – Zeitschrift der Luthergesellschaft 1 (1998), S. 6–18.

–: Katharina Zell geb. Schütz (1497/98–1562) : Eine „Laientheologin" der Reformationszeit? In: Zeitschrift für Kirchengeschichte 107 (1996), S. 145–178.

–: Kirchengeschichte : Gestalten, Themen, Ereignisse. Göttingen : Vandenhoeck & Ruprecht, 2009 (Grundwissen Christentum 3).

–: Leidenserfahrungen und Leidenstheologie in Melanchthons Loci. In: Der Theologe Melanchthon. A.a.O., S. 259–290.

–: Melanchthon als Beter. In: Ich rufe zu dir. A.a.O., S. 77–91.

–: Nonnen, Prophetinnen, Kirchenmütter : Kirchen- und frömmigkeitsgeschichtliche Studien zu Frauen der Reformationszeit. Leipzig : Evangelische Verlagsanstalt, 2002.

–: Ökumene im Zeitalter der Glaubensspaltung : Melanchthons Begegnung mit Caritas Pirckheimer. In: Deutsches Pfarrerblatt 96 (1996), S. 374–376 u. 381.

–: Philipp Melanchthon : Humanist im Dienste der Reformation. In: Martin H. Jung (Hg.) ; Peter Walter (Hg.): Theologen des 16. Jahrhunderts. A.a.O., S. 154–171.

–: Philipp Melanchthon 1497–1997 : Sammelrezension von Neuerscheinungen zum Melanchthonjahr 1997. Teil 1 : Stand Sommer 1997. In: Blätter für württembergische Kirchengeschichte 97 (1997), S. 177–206.

–: Philipp Melanchthon 1497–1997 : Sammelrezension von Neuerscheinungen zum Melanchthonjahr 1997. Teil 2 : Stand Sommer 2000. In: Blätter für württembergische Kirchengeschichte 101 (2001), S. 284–321.

–: Pietas und eruditio : Philipp Melanchthon als religiöser Erzieher der Stu-
    denten. In: Theologische Zeitschrift 56 (2000), S. 36–49.

–: Zum Davonlaufen? : Das Klosterleben in der frühen Reformationszeit. In:
    Udo Hahn (Hg.) ; Marlies Mügge (Hg.): Katharina von Bora : Die Frau an
    Luthers Seite. Stuttgart : Quell, 1999 (Quell Paperback), S. 32–51.

Kawerau, Gustav: Die Versuche, Melanchthon zur katholischen Kirche zu-
    rückzuführen. Halle (Saale) : Niemeyer, 1902 (Schriften des Vereins für
    Reformationsgeschichte 73).

Kirchen- und Theologiegeschichte in Quellen. Bd. 3 : Reformation / Heiko
    Augustinus Oberman (Hg.). Neukirchen-Vluyn : Neukirchener, 2005.

Kuropka, Nicole: Philipp Melanchthon : Wissenschaft und Gesellschaft : Ein
    Gelehrter im Dienst der Kirche (1526–1532). Tübingen : Mohr, 2002 (Spät-
    mittelalter und Reformation, N.R. 21).

Leppin, Volker: Martin Luther. Darmstadt : Buchgesellschaft, 2006 (Gestalten
    des Mittelalters und der Renaissance).

Lexutt, Athina: Rechtfertigung im Gespräch : Das Rechtfertigungsverständ-
    nis in den Religionsgesprächen von Hagenau, Worms und Regensburg
    1540/41. Göttingen : Vandenhoeck & Ruprecht, 1996 (Forschungen zur
    Kirchen- und Dogmengeschichte 64).

Luther and Melanchthon in the Educational Thought of Central and East-
    ern Europe / Reinhard Golz (Hg.) ; Wolfgang Mayrhofer (Hg.). Münster/
    Westf. : Lit, 1998 (Texte zur Theorie und Geschichte der Bildung 10).

Luther und Melanchthon neu entdecken : Reiseführer : Gedenkstätten der
    Reformation / Paul Metzger (Hg.) ; Stefan Rhein (Hg.). Heilbronn : Contell
    edition, 1997.

Mahlmann, Theodor: Die Bezeichnung Melanchthons als Praeceptor Germa-
    niae auf ihre Herkunft geprüft : Auch ein Beitrag zum Melanchthon-Jahr.
    In: Melanchthonbild und Melanchthonrezeption in der Lutherischen Or-
    thodoxie und im Pietismus. A.a.O., S. 135–222.

Man weiß so wenig über ihn : Philipp Melanchthon : Ein Mensch zwischen
    Angst und Zuversicht / Evangelisches Predigerseminar (Hg.). Wittenberg :
    Drei Kastanien, 1997.

Melanchthon : Zehn Vorträge / Hanns Christof Brennecke (Hg.) ; Walter
    Sparn (Hg.). Erlangen : Universitätsbund Erlangen-Nürnberg, 1998 (Erlan-
    ger Forschungen, Reihe A: Geisteswissenschaften 85).

Melanchthon auf Medaillen 1525–1997. Ubstadt-Weiher : Verl. Regionalkultur,
    1997.

Melanchthon in seinen Schülern [Vorträge, gehalten anlässlich eines Arbeits-
    gesprächs vom 21.–23. Juni 1995 in der Herzog August Bibliothek] / Heinz
    Scheible (Hg.). Wiesbaden : Harrassowitz, 1997 (Wolfenbütteler Forschun-
    gen 73).

Melanchthon und das Lehrbuch des 16. Jahrhunderts : Begleitband zur Aus-
    stellung im Kulturhistorischen Museum Rostock 25. April bis 13. Juli 1997 /
    Jürgen Leonhardt (Hg.). Rostock : Universität, 1997.

Melanchthon und die Marburger Professoren (1527–1627) : Katalog und Aufsätze. Bd. 1–2 / Barbara Bauer (Hg.). Marburg : Universitätsbibliothek, 1999 (Schriften der Universitätsbibliothek Marburg 89).

Melanchthon und die Naturwissenschaften seiner Zeit / Günther [sic!] Frank (Hg.) ; Stefan Rhein (Hg.). Sigmaringen : Thorbecke, 1998 (Melanchthon-Schriften der Stadt Bretten 4).

Melanchthon und die Universität : Zeitzeugnisse aus den halleschen Sammlungen / Ralf-Torsten Speler (Hg.). Halle (Saale) : Martin-Luther-Universität, 1997 (Katalog des Universitätsmuseums der Zentralen Kustodie, NF 3).

Melanchthon und Europa. Bd. 1 : Skandinaviern und Mittelosteuropa / Günter Frank (Hg.) ; Martin Treu (Hg.) ; Bd. 2 : Westeuropa / Günter Frank (Hg.) ; Kees Meerhoff (Hg.). Sigmaringen : Thorbecke, 2001 ; 2002 (Melanchthon-Schriften der Stadt Bretten 6,1 ; 6,2).

Melanchthonbild und Melanchthonrezeption in der Lutherischen Orthodoxie und im Pietismus : Referate des dritten Wittenberger Symposiums zur Erforschung der Lutherischen Orthodoxie (Wittenberg, 6.–8. Dezember 1996) / Udo Sträter (Hg.). Wittenberg : Drei Kastanien, 1999 (Themata Leucoreana 5).

Melanchthons Astrologie : Der Weg der Sternenwissenschaft zur Zeit von Humanismus und Reformation : Katalog zur Ausstellung vom 15. September bis 15. Dezember 1997 im Reformationsgeschichtlichen Museum Lutherhalle Wittenberg / Jürgen G. H. Hoppmann (Hg.). Wittenberg : Drei Kastanien, 1997.

Melanchthons bleibende Bedeutung : Ringvorlesung der Theologischen Fakultät der Christian-Albrechts-Universität zum Melanchthon-Jahr 1997 / Johannes Schilling (Hg.). Kiel : Theologische Fakultät, 1998.

Melanchthons Wirkung in der europäischen Bildungsgeschichte / Günter Frank (Hg.). Heidelberg : Verl. Regionalkultur, 2007 (Fragmenta Melanchthoniana 3).

Opitz, Peter: Leben und Werk Johannes Calvins. Göttingen : Vandenhoeck & Ruprecht, 2009.

Pauli, Frank: Philippus : Ein Lehrer für Deutschland : Spuren und Wirkungen Philipp Melanchthons. 3., durchges. Aufl. Berlin : Wichern, 1996.

Peters, Christian: Apologia Confessionis Augustanae : Untersuchungen zur Textgeschichte einer lutherischen Bekenntnisschrift (1530–1584). Stuttgart : Calwer, 1997 (Calwer Theologische Monographien, Reihe B 15).

Philip Melanchthon (1497–1560) and the Commentary / Timothy J. Wengert (Hg.) ; M. Patrick Graham (Hg.). Sheffield : Academic Press, 1997.

Philip Melanchthon : Then and Now (1497–1997) : Essays Celebrating the 500th anniversary of the Birth of Philip Melanchthon, theologian, teacher and reformer / Scott H. Hendrix (Hg.) ; Timothy J. Wengert (Hg.). Columbia, S.C. : Lutheran Southern Seminary, 1999.

Philipp Melanchthon : Exemplarische Aspekte seines Humanismus / Gerhard

Binder (Hg.). Trier : Wissenschaftlicher Verl., 1998 (Bochumer Altertums-
wissenschaftliches Colloquium 32).

Philipp Melanchthon : Sein Leben in Bildern und Geschichten. Lahr : Kauf-
mann, 1997.

Philipp Melanchthon 1497–1997 : Die bunte Seite der Reformation : Das Frei-
burger Melanchthon-Projekt / Wilhelm Schwendemann (Hg.). Münster/
Westf. : Lit, 1997 (Schriftenreihe der Evangelischen Fachhochschule Freiburg 1).

Philipp Melanchthon als Politiker zwischen Reich, Reichsständen und Kon-
fessionsparteien / Günther Wartenberg (Hg.) ; Matthias Zentner (Hg.) ;
Markus Hein (Mitarb.). Wittenberg : Drei Kastanien 1998 (Themata Leucoreana).

Philipp Melanchthon in Südwestdeutschland : Bildungsstationen eines Re-
formators : [Katalog zur] Ausstellung der Badischen Landesbibliothek
Karlsruhe, der Universitätsbibliothek Heidelberg, der Württembergischen
Landesbibliothek Stuttgart und des Melanchthonhauses Bretten zum 500.
Geburtstag Philipp Melanchthons / Stefan Rhein (Hg.) ; Armin Schlechter
(Hg.) ; Udo Wennemuth (Hg.). Karlsruhe : Badische Landesbibliothek, 1997.

Philipp Melanchthon und das städtische Schulwesen : Begleitband zur Ausstellung / Lutherstadt Eisleben (Hg.). Halle (Saale) : Janos Stekovics, 1997
(Veröffentlichungen der Lutherstätten Eisleben 2).

Philipp Melanchthon und seine Rezeption in Skandinavien : Vorträge eines
internationalen Symposions anläßlich seines 500. Jahrestages an der Kö-
niglichen Akademie der Literatur, Geschichte und Altertümer in Stockholm den 9.–10. Oktober 1997 / Birgit Stolt (Hg.). Stockholm : Almqvist &
Wiksell, 1998 (Konferenser 43).

Rabe, Horst: Deutsche Geschichte 1500–1600 : Das Jahrhundert der Glaubensspaltung. München : Beck, 1991.

Rhein, Stefan: Katharina Melanchthon, geb. Krapp : Ein Wittenberger Frauenschicksal der Reformationszeit. In: Philipp Melanchthon 1497–1997. A.a.O.,
S. 40–59.

–: Katharina Melanchthon, geb. Krapp : Ein Wittenberger Frauenschicksal
der Reformationszeit. In: 700 Jahre Wittenberg : Stadt, Universität, Reformation / Stefan Oehmig (Hg.). Weimar : Böhlau, 1995, S. 501–518.

–: Philipp Melanchthon. Wittenberg : Drei Kastanien, [2]1998 (Biographien zur
Reformation).

Rosin, Robert: Reformers, The Preacher, and Skepticism : Luther, Brenz,
Melanchthon, and Ecclesiastes. Mainz : von Zabern, 1997 (Veröffentlichungen des Instituts für Europäische Geschichte Mainz, Abteilung Abendländische Religionsgeschichte 171).

Sachau, Ursula: Das Licht der himmlischen Akademie : Die Welt des Philipp
Melanchthon : Roman. München : Ehrenwirth, 1997.

Scheible, Heinz: Melanchthon : Eine Biographie. München : Beck, 1997.

–: Melanchthon und die Reformation : Forschungsbeiträge / Gerhard May

(Hg.) ; Rolf Decot (Hg.). Mainz : von Zabern, 1996 (Veröffentlichungen des Instituts für Europäische Geschichte Mainz, Abteilung abendländische Religionsgeschichte, Beiheft 41).

–: Melanchthon, Philipp (1497–1560). In: Theologische Realenzyklopädie 22 (1992), S. 371–410.

–: Philipp Melanchthon : Eine Gestalt der Reformationszeit : 50 Bilder und zwei Landkarten : [Begleitbuch zur Diaserie]. Karlsruhe : Landesbildstelle Baden, 1995.

Schofield, John: Philip Melanchthon and the English Reformation. Aldershot : Ashgate, 2006 (St. Andrews Studies in Reformation History).

Schwab, Hans-Rüdiger: Philipp Melanchthon : Der Lehrer Deutschlands : Ein biografisches Lesebuch. 2. Aufl. München : dtv, 1997 (dtv 2415).

Schwendemann, Wilhelm ; Stahlmann, Matthias: Reformation und Humanismus in Europa : Philipp Melanchthon und seine Zeit : Eine Einführung mit Praxisentwürfen für den Unterricht. Stuttgart : Calwer, 1997 (Calwer Materialien).

Selge, Kurt-Victor ; Hansen, Reimer ; Gestrich, Christof: Philipp Melanchthon 1497–1997 : Drei Reden, vorgetragen am Melanchthon-Dies der Theologischen Fakultät in der Humboldt-Universität zu Berlin : 23. April 1997. Berlin : Humboldt-Universität, 1997 (Öffentliche Vorlesungen 87).

Sternhagen, Eick: Melanchthon : Der Reformator : Jubiläumsschrift zum Melanchthonjahr '97. Sinzheim : Pro Universitate, 1997 (Uni-Schriften: Theologie).

Strübind, Andrea: Eifriger als Zwingli : Die frühe Täuferbewegung in der Schweiz. Berlin : Duncker und Humblot, 2003.

Stupperich, Robert: Philipp Melanchthon : Gelehrter und Politiker. Göttingen : Muster-Schmidt, 1996 (Persönlichkeit und Geschichte 151).

Volk, Ernst: Philipp Melanchthon : Der Lehrer Deutschlands. Groß Oesingen : Lutherische Buchhandlung, 1997 (Zahrenholzer Reihe 27).

Wartenberg, Günther: Landesherrschaft und Reformation : Herzog Moritz von Sachsen und die albertinische Kirchenpolitik bis 1546. Gütersloh : Mohn, 1988 (Quellen und Forschungen zur Reformationsgeschichte 55).

Wels, Volkhard: Triviale Künste : Die humanistische Reform der grammatischen, dialektischen und rhetorischen Ausbildung an der Wende zum 16. Jahrhundert. Berlin : Weidler, 2000 (Studium litterarum 1).

Wengert, Timothy J[ohn]: Law and Gospel : Philip Melanchthon's Debate with John Agricola of Eisleben over poenitentia. Grand Rapids, MI : Baker, 1997 (Texts and Studies in Reformation and Post-Reformation Thought).

–: Human Freedom, Christian Righteousness : Philip Melanchthon's Exegetical Dispute with Erasmus of Rotterdam. New York, N.Y. : Oxford University Press, 1998 (Oxford Studies in Historical Theology).

Wiedenhofer, Siegfried: Formalstrukturen humanistischer und reformatorischer Theologie bei Philipp Melanchthon. T. 1 : Text ; T. 2 : Anmerkungen und Literaturverzeichnis. Bern : Lang, 1976 (Regensburger Studien zur Theologie 2).